Ida von Reinsberg-Dürigsfeld

Das Sprichwort als Kosmopolit

Ida von Reinsberg-Dürigsfeld

Das Sprichwort als Kosmopolit

ISBN/EAN: 9783743664067

Hergestellt in Europa, USA, Kanada, Australien, Japan

Cover: Foto ©Thomas Meinert / pixelio.de

Weitere Bücher finden Sie auf **www.hansebooks.com**

Das

Sprichwort als Philosoph.

Von

Ida von Düringsfeld.

Leipzig,
Hermann Fries.
1863.

Das

Sprichwort als Kosmopolit.

Von

Ida von Düringsfeld.

Erster Band.

———— · ——— ✦ —◆—

Leipzig,

Hermann Fries.

1863.

Das

Sprichwort als Philosoph.

Von

Ida von Düringsfeld.

———— ◦ ————

Leipzig,

Hermann Fries.

1863.

Vorwort.

—

Es sind jetzt über zehn Jahre, daß sich aus den
Anfängen unserer ethnographischen Studien nebst
vielen anderen Ideen auch die ergab, das Sprichwort
einst in philosophisch-kosmopolitischer Auffassung dar-
zustellen. Obgleich nicht so unmittelbar verfolgt, wie
andere Stoffe, blieb dieses Werk während unserer
Reisen uns doch unaufhörlich vor Augen, und es
wurde Jahr für Jahr still dafür gesammelt und
innerlich daran gearbeitet. Doch erst im Sommer
von 1861, wo Baron Reinsberg „die Frau im
Sprichwort" fand, gewann der Plan zu dem vor-
liegenden Werke Bestimmtheit. Was Jedes daran

zu thun habe, war leicht entschieden. Baron Reins=
berg sollte für die Männer schreiben, ich für die
Frauen und für ihre Welt: die Familie. Als Fa=
milienbuch also habe ich das „Sprichwort als Kos=
mopolit" zu schreiben beabsichtigt, und bin meiner
Absicht wenigstens insofern gerecht geworden, daß
jede Mutter dieses Werk unbedingt ihren Töchtern in
die Hand geben darf. Nicht daß ich jeden derben
Ausdruck vermieden hätte, — das Sprichwort äußert
sich in der kernigen und unumwundenen Sprache des
Volkes, will man es anhören, muß man ihm „die
freie Rede" gestatten. Aber jedes nur einigermaßen
zweideutige Wort ist streng ausgeschlossen, und über=
haupt kein Spruch aufgenommen worden, in welchem,
gleichviel, ob ernsthaft, ob spöttisch ausgedrückt, nicht
irgend eine gesunde Wahrheit und folglich eine heil=
same Lehre enthalten wäre.

Die Eintheilung in den „Philosophen," den
„Praktikus" und den „Humoristen" ergab sich von
selbst, denn das Sprichwort philosophirt so gut, wie
es praktisch moralisirt und lustig spaßt und spottet.
Freilich ist der Philosoph bisweilen humoristisch, der
Humorist philosophisch, und der Praktikus eines und
das andere, doch ganz haarscharf ließ die Grenzlinie
sich nicht immer ziehen.

Auf Vollständigkeit mußte der Kosmopolit von vornherein verzichten. Erstens blieb, so bereitwillig der Herr Verleger mir auch bei der Erweiterung des ursprünglich auf einen Band berechneten Buches entgegenkam, doch immer noch eine Masse von Stoff, welche ich in dem gestatteten Umfang nicht unterzubringen vermochte, zweitens wurde ich auch dadurch behindert, daß Alles, was auf die Frauen, auf Liebe, Ehe= und Hausstand Bezug hat, mir durch die „Frau" bereits weggenommen war, und Alles, was sich an den „Mann" und das „Kind" knüpft, für die beiden Bände bleiben mußte, welche Baron Reinsberg auf „Internationale Titulaturen" folgen lassen wird. Mir blieb also nur übrig, die gewählten Kategorien so reich wie möglich zu geben, obgleich ich auch dabei meine handschriftlichen Sammlungen bei Weitem noch nicht erschöpft habe.

Daß ich mir die Mittheilung von Originalen untersagen mußte, versteht sich von selbst. Es wäre das dem eigentlichen Zweck des Buches: dem Popularisiren der Sprichwörter aller Völker, gänzlich entgegen und daher nichts Anderes gewesen, als eine überflüssige literarische Koketterie. Die Uebersetzungen sind, so weit mir die Originale verständlich oder zugänglich waren, von gewissenhafter Treue. Dem dritten und letzten Bande wird ein Verzeichniß der Quellen, sowie ein alphabetischer Index sämmtlicher Kategorien beigefügt werden.

Bad Kösen, Haus Heun,
6. November 1862.

Ida Baronin Reinsberg=Düringsfeld.

Verzeichniß der Abkürzungen.

äth.	bedeutet:	äthiopisch.
äg. ar.	=	ägyptisch-arabisch.
afr.	=	afrikanisch.
agr.	=	altgriechisch.
al. ar.	=	algierisch-arabisch.
alb.	=	albanesisch.
anh.	=	anhaltisch.
ar.	=	arabisch.
b.	=	bergamaskisch.
ba.	=	baskisch.
bo.	=	bosnisch.
bulg.	=	bulgarisch.
cz.	=	czechisch.
chin.	=	chinesisch.
corf.	=	corsisch.
t.	=	teutsch.
dä	=	dänisch.
d. r.	=	deutschrussisch.
E.	=	Ewe-Sprache (Afrika).
Eif.	=	Eif.
engl.	=	englisch.
esth.	=	esthnisch.
eur.	=	europäisch.
fin.	=	finnisch.
frl.	=	furlanisch (Friaul).
frf.	=	nordfriesisch.
frz.	=	französisch.
g.	=	galizisch.
h.	=	holländisch.
hbr.	=	hebräisch.
hd.	=	hindostanisch.
Hlg	=	Helgoland.
hlst.	=	holsteinisch.
Hrz.	=	Harz.
Hrzg.	=	Herzegowina.
ill.	=	illyrisch.
isl.	=	isländisch.
it.	=	italianisch.
kaff.	=	kassubisch.
klr.	=	kleinrussisch.
kr.	=	krainerisch.
kro.	=	kroatisch.
l.	=	lombardisch.
lapp.	=	lappländisch.
lat.	=	lateinisch.
lef.	=	lesiguanisch (auf Lesina).
lett.	=	lettisch.
lit.	=	litauisch (preußisch-litauisch).

lf.	bedeutet:	lausitzisch.
m.	=	mailändisch.
ma.	=	magyarisch.
mod.	=	modovinisch.
Mrk.	=	Grafschaft Mark.
neg. engl.	=	Negerenglisch.
neg. frz.	=	Negerfranzösisch.
ngr.	=	neugriechisch.
nlf.	=	niederlausitzisch.
olf.	=	oberlausitzisch.
or.	=	orientalisch.
oschl.	=	oberschlesisch.
p.	=	polnisch.
parm.	=	parmesanisch.
Pat.	=	Patois der französischen Schweiz.
perf.	=	persisch.
Pic.	=	Dialekt der Picardie.
piem.	=	piemontesisch.
plattd.	=	plattdeutsch.
port.	=	portugiesisch.
prov.	=	provençalisch.
r.	=	russisch.
rom.	=	Dialekt der Romagna.
f.	=	serbisch.
fa.	=	sardinisch.
scho.	=	schottisch.
schw.	=	schwedisch.
schwb.	=	schwäbisch.
schwei.	=	schweizerisch.
sic.	=	sicilianisch.
sl.	=	slavisch.
slo.	=	slovakisch.
slov.	=	slovenisch (Kärnten).
smg.	=	samogitisch (polnisch=litauisch).
sp.	=	spanisch.
t.	=	toskanisch.
ta.	=	tamulisch.
tat.	=	tatarisch.
tsch.	=	tscheremissisch.
tschu.	=	tschuwassisch.
tü.	=	türkisch.
v.	=	venetianisch.
vl.	=	vlämisch.
wal.	=	walachisch.
wstph.	=	westphälisch.

---

a.	bedeutet :	auch.
g. ä.	=	ganz ähnlich.
u.	=	und.

Inhalt.

Das Sprichwort als Philosoph.

Aller Anfang mit Gott!

sagt das deutsche Sprichwort, und wiederholt war=
nend:

> Mit Gott den Anfang,
> Sonst geht's den Krebsgang.

Da nun bekanntlich für ein Buch Nichts schlimmer ist,
als gerade diese besondere Gangart, so haben wir uns,
indem wir unser Werk beginnen, die schöne Lehre zu
Gemüth gezogen:

> Laß Gott in allen Dingen dein
> Den Anfang und das Ende sein. (d.) [1]

Das Sprichwort ist fromm. Es weiß:

— —   —

[1] Von Gott der Anfang. (lat.)
   In Allem wird es glücklich geh'n, nimmst du Gott zum
      Anfang und zum Ende. (lat.)
   Mit Gott beginne, damit die Schlange dich nicht beiße. (lat.)
   Was man mit Gott anfängt, das führt man mit Gott
      hinaus. (d.)
   Beginnen wir mit Gott, wird auch der Fortgang gut
      sein. (cz.)
   Wer mit Gott beginnt, mit dem endigt Gott. (p.)
   Alles mit Gott und mit Verstand. (kro.)
   Ohne Gott läßt sich Nichts gut machen. (cz.)
   Wenn Gott nicht hilft, hilft unser Thun Nichts. (esth.)
   Ohne Gott kommt man nicht einmal zur Schwelle. (klr.)

.   1

Glaube macht selig. (d.) [1]

Darum hofft es zum Besten Aller:

Es ist eine Kirche in Jedermanns Brust. (frj.)

Weiter sagt es:

Wer keinen Glauben hat, kann keinen geben; (sa.) [2]

und endlich:

Wer den Glauben verläugnet, der ist der Hölle würdig. (perj.) [3]

Diesen Glauben, den ächten, den, welcher Berge versetzt, beweist es durch die Worte:

Bei Gott ist kein Ding unmöglich. (d.) [4]

Gott thut auch heut' noch Wunder. (r.) [5]

Wenn Gott es will, bringen alle Winde Regen. (engl.) [6]

Winter und Sommer regnet's, wenn Gott will. (ba.)

Was Gott dir auf die Stirn geschrieben hat, wird kommen. (tü.)

Laufe so viel du willst, dir wird doch nur, was Gott beschlossen hat. (hb.)

Es geschicht doch, was Gott will. (d.)

Es rühret sich kein Blatt,
Wenn Gott nicht den Willen hat. (sa.; a. v.)

Ohne Gottes Willen fällt Euch kein Haar vom Kopfe. (llr.)

---

1) Selig, die da glauben. (frz.)
2) Aber:
Wer den Glauben hat, kann so gut auf dem Ofen backen, wie drinnen. (plattd.)
Der Glaube besteht im Glauben und nicht im Sehen. (ba.)
3) Wo weder Glauben an Himmel noch Hölle,
Da zieht der Teufel die ganzen Gefälle. (d.)
4) Wenn Gott will, so tagt es, (so grünt ein Besenstiel, ein Artstiel, so kräht selbst eine Art unter der Bank.) (b.)
5) Gott ist der alte Wunderthäter. (s.; a. r.)
6) Da, wo Gott will, regnet's. (frz.)

Heute, was Gott will, und morgen weder mehr noch weniger, als was Gott will. (ni.)

„Will's Gott" ist ein gutes Wort von Alters her. (b.)

Will's Gott, wer wendet's? (b.) [1]

Gott ist Nichts zu schwer. (p.) [2]

Der Mensch denkt, Gott lenkt. (b.; a. lat., frz., sa., t., engl.)

Der Mensch thut, was er kann, Gott, was er will. (engl.)

Der Mensch macht eine Barke, aber Gott ein Schiff. (neg. engl.) [3]

„Gott walt's!" ist aller Bitte Mutter. (b.)

Weiter heißt es:

Wem Gott wohl will, dem will Sankt Peter nicht übel. (b.) [4]

Mit wem Gott, mit dem auch die Menschen. (klr.)

Ist Gott freundlich, ist die Welt freundlich. (hb.)

————————

1) Gottes Wille hat kein Darum. (b.)
   Gegen Gott kann Niemand. (v.)
   Niemand steigt in Gottes Kanzlei. (b.)
2) Ueber Gott ist kein Herr, über Schwarz keine Farbe. (frz.;
   a. ba.)
   Was Gott genäht hat, wird Niemand zerreißen. (r.)
3) Das ist ein klein wenig von Gottes Macht,
   Daß er aus einem Armen einen Ritter macht. (scho.)
   Der Mensch schießt, Gott leitet die Kugeln. (lit.)
4) Hat mir's Gott bescheert, so nimmt mir's Sankt Peter nicht;
   (b.; a. kro.)
und:
   Will uns Gott ernähren,
   So kann's Sankt Peter nicht wehren.
Auch:
   Gott hat es mir gegeben, der Teufel soll es mir nicht
   nehmen. (b.)
Russisch heißt es:
   Wen der Himmel hebt, den wird die Erde nicht fallen
   lassen;

Wem Gott wohl will, dem fällt es im Schlaf zu, wem Gott nicht wohl will, dem fällt es aus dem Löffel. (olf.) [1]

Wem Gott wohl will, dem bringt der Wind Brod und Holz. (port.)

Wem Gott hilft, dem kann Keiner widerstehen. (frz.) [*]

Wenn Gott Einen erhöhen will, so legen alle Heiligen die Leitern an. (b.)

Wen Gott behütet, der ist wohl behütet. (it.)

Was Gott bewahrt, ist wohl bewahrt. (frz.)

Was Gott erhalten will, das kann kein Frost tödten. (engl.)

Gott behütet die Seinen. (v.)

Behütet ist, wen Gott behütet. (port.)

Gott verläßt die Seinen nicht. (b.; a. dä.)

Wer mit Gott bleibt, mit dem bleibt Gott. (v.)

Halte dich zu Gott, und er wird mit dir sein. (ba.)

Wer sich mit ganzem Herzen Gott ergiebt, den verläßt der Herr nicht. (frz.)

Wer Gott dient, der hat einen guten Herrn. (frf.; a. engl.)

Wer Gott liebt, ist sicher überall. (frz.)

---

polnisch:
  Was Gott giebt, nimmt der Teufel nicht;
und kroatisch:
  Was Gott giebt, das nehmen die Heiligen nicht.
1) Wenn es Gott gefällt, giebt er auch hinter dem Ofen. (p.)
  Gott giebt bei Nacht. (dä.)
  Wem Gott hilft, dem kann Niemand Schaden thun. (ba.)
2) Wer Gott zum Freunde hat, dem schadet keine Kreatur. (b.)
  Der verliert nicht, der sich Gott zum Freund erhält. (engl.)
        Was Gott will erquicken,
        Das läßt er nicht ersticken;
und:
        Was Gott will erhalten,
        Das kann nicht erhitzen, noch erkalten. (b.)

Alles endet, außer die Liebe zu Gott. (port.) [1]

Gott ist gnädig, und ich in seiner Liebe bin nicht arm. (r.)

Liebe Gott von Herzen, und laß reden, wer will. (it.)

Gott gefallen ist das erste von allen Dingen. (pers.)

Gott lieben ist die schönste Weisheit. (d.) [2]

Darum:

Wer Gott vertraut,
Hat wohl gebaut. (d.) [3]

Die Hoffnung, auf Gott gesetzt, wird nie zu Schanden. (lat.)

Die Hoffnung, auf Gott gesetzt, ist sicher, und jede andere eitel. (frz.)

Laß den Allerhöchsten walten,
Der so lange hausgehalten. (d.) [4]

Gott ist, wo er war. (engl.) [5]

---

1) Nichts ich weiß,
   Als daß ich weiß,
   Daß Nichts ich weiß,
   Wenn ich Gott nicht weiß. (frz.)
   Gut ist der Vater zu den Kindern, gut auch Gott gegen die Menschen;
ja:
   Nicht ist der Vater zu den Kindern, wie Gott zu den Menschen. (r.)
2) Wer Gott anbetet, ist Gottes; es wird nach seiner Abkunft nicht gefragt. (hb.)
3) Wer Gott vertraut,
   Hat nicht auf Sand gebaut. (d.)
   Wer auf Gott vertraut, kommt niemals um. (fic.)
   Die Vorsehung läßt nie im Stich. (d.)
   Wer sein Korn in das Feld sät, vertraut Gott. (engl.)
   Wer Vertrauen auf Gott hat, wird einst Besseres haben. (ba.)
4) Thu' Recht, laß Gott walten. (d.)
   Halte mit Gott und fürchte Niemand. (ill.)
   Fürchte Gott, thu' Recht, scheu' Niemand. (d.)
5) Noch ist der Herrgott am Leben;
und:
   Noch ist's der Gott, der er war. (cz.)
   Der alte Gott lebt noch. (d.)

Der Herrgott ist ein alter Hausvater. (p.)

Es lebe unser alter Gott! (cz.)

Gott ist am Steuer. (b.) [1]

Und dann:

Wenn die Noth am höchsten,
Ist Gottes Hülfe am nächsten. (b.) [2]

Gottes Hülfe ist näher, als der schöne Abend. (scho.)

Gott kommt, wenn wir ihn am fernsten glauben. (engl.)

Eh' du Gott suchst, hat er dich schon gefunden. (b.) [3]

Am frömmsten ist das Sprichwort, wenn es Gottes Liebessorgfalt für alles Geschaffene auf Erden in Bildern ausdrückt.

Gott giebt Schultern nach der Bürde. (b.) [4]

Gott schickt nur, was man tragen kann. (v.; a. b.)

Gott will nicht mehr, als man kann. (frz.)

Gott giebt nicht mehr Frost, als Kleider. (b.) [5]

Wie der Winter, so der Rock. (bä.)

Der Himmel rollt noch. (lat.)
Die Vorsehung ist für Alle da. (b.)

Gottes Güt' und Treu'
Ist alle Tage neu. (b.)

[1] Gott ist mit im Schiffe. (b.)

[2] Je größer die Noth,
Je näher Gott. (b.)

Wenn die Noth am größten,
Ist Hülfe am nächsten. (bä.)

[3] Gott weiß, was gebricht,
Eh' man ein Wörtlein spricht. (b.)
Der alte Hausvater, Herr Gott, weiß, wenn man etwas braucht (p.)

[4] Ein schwacher Rücken bekommt ein leichtes Kreuz zu tragen. (frz.)

[5] Gott schickt den Frost nach den Kleidern. (v.; a. frz. u. engl.)
Gott schickt die Kleider nach dem Regen. (b.)

Dem geschornen Lamm mildert Gott den Wind. (it.; a. flr.) [1]

Gott blendet Keinen, den er gelähmt hat. (r.) [2]

Gott läßt die Wipfel der Bäume hoch wachsen, damit der Blinde sein Haupt nicht daran stoße. (r.)

Das Nest des blinden Vogels ist von Gott gemacht. (tü.) [3]

Gott baut Dünen vor einen flachen Strand. (r.)

Wen der Herrgott schafft, den vernichtet er nicht. (p.)

Der verzagenden Barke zeigt Gott den Hafen. (v.)

Gott läßt uns wohl sinken,
Aber nicht ertrinken. (d.)

Wer von den Menschen verworfen ist, der ist von Gott erwählt. (pers.)

Weiter:

Gott ist der alte Geber. (f.)

Von Gott kommt das Gute, und von den Bienen der Honig. (port.)

Gott giebt Allen genug, und hat darum nicht weniger. (dä.)

Wer von Gott verlangt, wird nicht getäuscht. (al. ar.)

Was von Gott verheißen wird, das wird auch gehalten. (lit.)

Nicht Einem gab der Herrgott Alles, aber Allen Alles. (p.) [4]

Gott giebt Jedem sein Theil. (esth.) [5]

---

1) Dem geschornen Schaf mißt Gott den Wind zu. (frz.)

Gott schickt leisen Wind,
Wenn die Schafe geschoren sind;

und:

Gott giebt gelinden Regen, wenn das Schaf geschoren ist. (d.)

2) Gott wehrt Jedem, daß er einem Lahmen auf den Fuß trete. (r.)
3) Die Vorsehung macht das Nest der fremden Vögel. (tü.)
4) Gott giebt nicht einem Menschen alles Gute. (f.)

Gott giebt nicht Einem Alles. (d.)
Nicht auf einerlei Art vertheilt Gott: Einem die Gans, dem Andern den Pfau. (cz.)

5) Die Elster gekleidet, der Rabe gekleidet, (die Fürsten und die

Gott gedenkt nicht blos an des Popen Honig, er denkt auch an der Bienen Wälder. (r.) [1]

Gott gedenkt an die Rosen und den Frühling zur selbigen Stunde. (tat.) [2]

Wenn der Herr das Geschöpf macht, schafft er ihm auch Nahrung. (b.)

Gott giebt den Tag, Gott giebt auch Nahrung. (r.)

Der Nahrungsbesorger giebt der täglichen Speise Schwingen. (pers.)

Gott giebt täglich Brod. (dä.)

Für den, der eine leere Küche hat, hält Gott offene Tafel. (Hrz.)

Hat Gott erst dein Auge erfreut durch die Blüte, so erquickt er deine Zunge nachher durch die Frucht. (r.)

Gott giebt dir Güter und Haus und was du hast. (port.)

Gott giebt zu Zähnen auch Brod. (pers.) [3]

Wer die Zähne gab, giebt auch für die Zähne. (p.; a. lit.)

Schickt der Herr die Frucht, schickt er auch das Brod. (frl.)

___

Bojaren gekleidet), auch unsere Brüder werden gekleidet werden. (r.)

Gott giebt dem Zuckeresser Zucker. (bb.)

1) Gott gedenkt auch der Gallwespen, indem er an die Eichen gedenkt. (r.)

2) Anmuthig sagt der Russe:

Weil die Lerchen noch nicht genug den Frühling verkünden, läßt Gott auch die Rosen blühen.

Warnend spricht der Kleinrusse:

Wo die Menschen nicht den Strang der Glocke ziehen, läßt Gott den Donner durch die Wolken läuten.

Hübsch ist auch der Spruch aus der Oberlausitz:

Auf eine kleine Hütte scheint auch Gottes Sonne,

sowie der russische:

Was Gott pflanzt, das gießt er auch an

3) Gott gab die Zähne, Gott giebt auch das Brod. (cz.)

Gott sendet nie den Mund, ohne daß er die Speise mitsendet. (engl.)

Gott gab's Leben, Gott giebt auch die Gesundheit. (r.)

Gott gab trocknes Wetter, Gott wird auch Regen geben. (lit.)

Gott giebt nicht allein den Kwas (säuerliches, bierähnliches Getränk), er giebt auch die Tonne. (r.) [1]

Und wenn Kinder kommen, besonders zu armen Eltern, da heißt es tröstend:

> Giebt Gott Häschen,
> So giebt er auch Gräschen. (d.)

Gott schickt das Lämmchen, und dann sein Wieschen. (v.) [2]

Der Herrgott gab das Kühchen, er giebt auch das Gräschen. (cz.; ähnlich v.)

Gott gedenkt eher an die Sümpfe, als an die Frösche. (bulg.)

Gott mehrt die Käfer, wenn er die Spechte mehrt. (r.)

Wo viel Rennthiere kalben, wuchert das Moos. (fin.)

Giebt Gott Gäste, giebt er auch den Gästen Vorrath. (esth.)

Gott giebt die Weite des Mundes nach der Größe der Breitöpfe. (lett.)

Gott giebt dir Schafe und Söhne für sie. (port.)

Wie sollt' er auch nicht geben, was gut ist?

> Gott weiß, was er thut. (v.) [3]

---

1) Gott giebt Keinem die Pfeifen, er giebt ihm auch den Mund dazu. (r.)
2) Reizend noch in zwei andern venetianischen Sprüchen, die wir als unübersetzbar im Original geben:

> Dio manda la piegorina,
> E po anco l'erbosina;

und:

> Dio manda l'agnoleto
> E'l pascoleto.
> Der da schuf den Hasen,
> Der schuf auch den Rasen. (d.)
> Kein Häslein,
> Es findet sein Gräslein. (d.)
> Giebt Gott Kinder,
> So giebt er auch Rinder. (d.)

Freue dich, Väterchen; wenn Gott die Eichhörnchen in deinen Wald setzt, dann will er dir die Eichen gerathen lassen. (r.)
3) Was Gott thut, das ist wohlgethan. (d.)
Darum räth der Hebräer:

Gott weiß wohl, weſſen Ziege das Horn abgeſtoßen (kro.)

Der Herrgott weiß, weſſen die Ziege und weſſen das Lamm. (cz.)

Gott weiß, was für uns am beſten iſt. (port.)

Gott weiß es, und Chriſtus ſieht es. (ſic.)

Gott übertrifft den Menſchenverſtand. (p.)

Gott ißt und trinkt nicht, aber er richtet, was er ſieht. (frz.) [1]

Und:

Ueberall iſt der Herrgott. (p.)

Wir Alle gehen unter Gott. (r.)

Gott denkt an Alles. (cz.)

Gott läßt Nichts in Vergeſſenheit. (eſth)

Gott ſitzt hoch, aber ſieht weit. (kro.)

Der Himmel hat viele Ritzen, wodurch Gott ſehen kann. (r.)

Die ganze Welt iſt Gottes Auge. (cz.) [2]

Gottes Auge ſchläft nicht. (wal.)

Gott ſchläft nie. (ill.)

Gott allein iſt unfehlbar. (tü.) [3]

Darum ſagt auch das Sprichwort ernſt, faſt drohend:

Mit Gott läßt ſich nicht ſpotten. (d.) [4]

Der Menſch möge immer zu ſagen ſich gewöhnen: „Was Gott
thut, iſt zum Guten:“
der Araber in Aegypten frägt:
Vergiſſeſt du dein „Gott ſei geprieſen!“ Mit welchen andern
Worten willſt du (noch) beten?“
und der Frieſe ſagt:
Es iſt beſſer, in Gott ruhen, als in der Welt wühlen.
1) Ueber Geheimes urtheilt Gott allein. (ſ.)
Gott allein weiß die Dinge, welche Gott zugehören. (hb.)
2) Dem Himmel iſt Alles offenbar. (hbr.)
3) Wenn der Himmel einen Schuldigen ſtraft, ſo irrt er ſich
nicht um eines Haares Breite. (chin.)
4) Gott läßt ſich nicht auf den Arm malen. (d.)

Gott betrügt nie und wird nie betrogen. (dä.)

Wer Gott zu täuschen glaubt, der täuscht sich selbst. (it.)

Wer dem Herrn etwas vormachen will, macht sich selbst was vor. (v.) [1]

Gott läßt sich keinen flächsernen Bart flechten. (b.) [2]

Gott zerbricht die Hand, die ihn raufen will. (r.)

Giebt es etwa Kameradschaft mit Gott? (hbr.)

Ebenso wenig sollen wir uns, lehrt das Sprichwort, gegen Prüfung aus Gottes Hand auflehnen.

> Gottes Brod verschmähe nicht, und wär' es auch in Essig geweicht; (b.) [3]

denn:

> Gott nimmt dem die Speise, der seinen Trank nicht mag. (engl.)

> Mit Gott kannst du nicht zanken: (lit.)

und:

> Wenn du mit Gewalt zu erlangen suchst, was der Herr dir nicht geben will, so wirst du's nicht bekommen. (afr.)

Und heißt es auch:

> Gott wartet lange, eh' er schlägt: (cz.)

---

1) Der muß viel können, der Gott will blenden. (b.)
   Du mußt ein guter Kerzenmacher sein, wenn du Gott eine wächserne Nase andrehen willst. (b.)
2) Er will Gott einen flächsenen Bart annähen. (h.)
   Gott einen Strohbart machen. (frz.)
3) Gottes Segen ist sowohl in Wasser, wie in Wein. (plattd.)
   Man muß Gott auch für den Stint danken, den man statt des Lachses gefangen hat;
unb:
   Man muß Gott danken, wenn der Wind weht, weil der Sturm wehen könnte. (r.)
Am erkenntlichsten ist der Hindu, denn er sagt:
   Wenn Gott mir selbst zwei Hörner geben sollte, würd' ich zufrieden sein.

Gott ist größerer Verzeiher, als der Mensch Sünder ist; (frz.) [1])

Gott ist nicht ein so schlechter Wirth, daß er nicht eine Zeche sollte borgen können; (b.)

endlich:

Gott zahlt nicht jeden Samstag aus; (f.) [2])

so finden wir doch:

Gottes Mühle mahlt langsam, aber klein.

Gott ist nicht eilig, aber eingedenk, (cz.) (lit.: aber er vergißt Nichts).

Gott läßt sich nicht bestechen. (r.)

Gott weiß die Zeit. (b.)

Gottes Uhr zeigt immer die rechte Stunde. (r.) [3])

Gottes Zeiger geht langsam, aber richtig. (b.)

Gott hat einen leisen Gang, aber er tritt fest auf. (r.)

Gott kommt langsam, aber wohl. (b.) [4])

Gott kommt mit bleiernen Füßen, aber trifft mit ehernen Händen. (engl.) [5])

Gott trifft, wo es schmerzt. (p.)

Gottes Keule macht kein Geräusch, und von ihrem Schlage giebt's keine Heilung. (pers.)

Gott straft, wo er nicht spricht. (h.) [6])

---

1) Gott kommt nicht mit überlegener Gewalt zu seinen Geschöpfen. (hbr.)
2) Der Herrgott bezahlt nicht des Sonnabends. (v)
3) Gott läßt sich seine Uhr von keinem Menschen stellen. (b.)
4) Gott kommt oft langsam, aber sicher. (bä.)
5) Die göttliche Gerechtigkeit hat Füße aus Blei. (frz.)
   Der Herrgott hat Beine aus Wolle, aber Hände aus Blei, (p.) (f.: Eisen).
   Gott hat manches Reis, um damit zu strafen. (bä.)
   Der Herr hat lange Arme. (m.)
6) Gott posaunt es nicht aus, warum er den Menschen verbirbt. (f.)

Gott nimmt spät, aber mit Strenge; (perf.)

und:

Gott nimmt nicht angebotenes Brod. (esth.) [1]

Das will sagen, er will nicht den Menschen wählen lassen, welches Opfer er darbringen möchte, sondern das Opfer so gut bestimmen, wie die Strafe. Umsonst wün=schen die Esthen:

Gott lasse das Feuer an einem engen Orte sein,

Gott halte und verwahre das Feuer in seiner Hand,

Gott lasse immer ein Kriegsheer hören, aber niemals sehen,

Gott straft wie und wodurch er will.

Gott windet aller Menschen Missethat auf einen Knäuel; (d.)

Gott zieht vielleicht augenblicklich seine Hand ab, und:

Wen Gott fallen läßt, der sinkt tief. (d.)

Vom Menschen, dem Endlichen, hat das Sprichwort begreiflicher Weise nicht so viel Unmittelbares zu sagen, wie von Gott, dem Unendlichen. Doch ist es auch über ihn wohlversehen mit Aussprüchen, und der erste derselben, den wir vernehmen, lautet:

Ein Mensch ist des Andern Gott. (d.)

Der Mensch ist der Menschen Gott und Teufel. (cz.) [2]

Der Mensch ist den Menschen bald an Stelle Gottes, bald an Stelle des Wolfes. (p.)

---

1) Der Tod nimmt nicht das angebotene Kind. (esth.)
2) Ein Mensch ist des Andern Teufel (Wolf, Hagel, Engel). (d.)
   Ein Mensch ist dem Andern wohl ein Teufel. (h.)
   Halb Engel, halb Teufel. (h.)
   Der Mensch des Menschen Wolf. (lat.)
   Der Mensch ist dem Menschen Verderben. (p.)
   Der Mensch ist der Spiegel des Menschen. (tü.)
   Ein Mensch ist des Andern werth. (d.)

Menschenantlitz, Löwenantlitz. (b.)

Diese Doppelnatur macht den Menschen zum absoluten Räthsel:

> In das Innere eines Berges kann man hineinbringen, in das Innere eines Christen (Menschen) nicht. (sa.) [1]

Darum lehrt der Deutsche:

> Zum lebendigen Menschen muß man sich Gutes und Böses versehen; [2]

und im Negerenglischen heißt es:

> Des Menschen Inneres ist ein Fluß, er trägt Gutes und Böses.

Im Ganzen ist die Meinung des Sprichworts dem Menschen nicht allzu günstig.

> Gottes Weisheit und der Menschen Thorheit regieren die Welt. (b.)

> Unkraut findet sich allenthalben. (lett.) (Mit Unkraut sind die bösen Menschen gemeint.) [3]

> Die Menschen sind wie die Melonen: unter hundert ist erst eine gut. (v.)

> Schätze einen Guten, gute Menschen sind selten. (engl.)

> Fromme Leute sind dünn gesät, oder: sitzen weit auseinander. (b.)

Der Venetianer sagt sogar:

> Unter Tausend Einer,
> Unter Hundert Keiner,

und fügt hinzu:

> Die braven Menschen (Galantomeni, Galantuomini) sind wie die weißen Fliegen.

---

1) Niemand sieht in das Innere. (m.)
   Ich kann doch in keinen Menschen hineinkriechen! (lit.)
   Das Herz sieht man nicht. (t.)
Indessen wissen wir so ziemlich genau:
   Ein Herz ist des Andern Spiegel; (b.)
und:
   Gott kennt das Innere und Aeußere. (ta.)
2) Maulthier gut Maulthier, aber schlimme Bestie. (v.)
3) Auch unter den Aposteln war ein Judas. (v.)

Die Veränderlichkeit dagegen wird als häufig ange=
nommen.

> Menschen und Wind
> Aendern geschwind. (d.)

Der Mensch verändert sich mit der Zeit. (cz.) [1]

Man wechselt öfter den Sinn, als das Hemde. (v.)

Zeit und Laune wechseln oft. (corf.; a. t.)

Schöne allgemeine Sprüche sind folgende:

Kein Mensch ist nöthig, und Alle sind wir nöthig. (sa.) [2]

Die Menschen gleichen den Kräutern des Feldes, Einige blühen,
Andere welken. (hbr.)

Der Mensch ist in der Welt, wie die Biene in der Blume. (ill.) [3]

Den Fischen das Meer, den Vögeln die Luft, und dem Men=
schen (ist) die weite Erde Heimath. (r.)

Der Himmel hat mich hervorgebracht, die Erde trägt mich. (ta.)

Dann wird dem Menschen angedeutet, was er thun soll,
wenn er weise sein will:

Ein weiser Mensch wird sich heute für morgen schonen. (engl.)

Ein weiser Mensch würde jeden Tag als den der Auferstehung
betrachten (an welchem er Rechenschaft ablegen muß). (perf.) [4]

---

1) Wie die Zeit, so auch der Mensch. (r.)
    Die Menschen gleichen immer mehr der Zeit, in der sie leben,
    als ihren Vätern. (äg. ar.)
    Die Welt verändert sich, und wir in ihr. (cz.)
2) In dieser Welt ist Niemand nöthig. (m.)
3) Der Mensch in der Welt, wie die Blase auf dem Wasser. (klr.)
4) Nach dem mosaischen Gesetz ist am Sabbath das Kochen un=
    tersagt, und die für diesen Tag nöthigen Speisen müssen
    den Abend zuvor bereitet werden. Daher frägt das Sprich=
    wort der Hebräer:
    Hat der Mensch am Vorabend des Sabbath Nichts bereitet,
    was soll er am Sabbath genießen?
    Die künftige Welt heißt nämlich auch Sabbath, und die Ab=
    berufung dahin geschieht oft schnell, denn der Chinese sagt:
    Der Mensch verschwindet hier unten wie der Mond, welcher
    gegen Morgen in einem Augenblick hinter dem Berge versinkt.

Wehe den Menschen, welche sehen, ohne zu wissen, was sie sehen, welche stehen, ohne zu wissen, worauf sie stehen, (hbr.) d. h. die nicht wissen, daß sie nur das vergängliche Leben sehen und auf den Millionen Gräbern ihres Geschlechtes stehen.

Von den Guten unter den Menschen redet das Sprichwort mit liebevoller Wärme:

Der Fromme in der Stadt ist ihr Glanz, ihr Preis, ihre Zierde; hat er sich weggewendet, so verschwindet mit ihm auch ihr Glanz, ihr Preis, ihre Zierde. (hbr.)

Unter Frommen ist gut wohnen. (d.) [1]

Zum guten Brunnen ist der Weg betreten. (g.)

Ich will lieber bei den Guten dienen, als bei den Schlimmen frei geboren werden. (j.)

Der Franzose nennt einen so recht guten Menschen:

Gut, wie's gute Brod;

der Holländer macht's noch besser und spricht:

Er ist so gut wie Wein und Brod.

Der Venetianer characterisirt ihn mit den Worten:

Er ist brav wie Gold; [2]

der Toskaner:

Er ist die Güte der Welt. [3]

Die angebornen Beziehungen, welche aus den Menschen die Familie bilden, werden vom Sardinier, vom Corsen,

1) Bei den Frommen ist man überall daheim. (d.)
Den Frommen braucht man kein Denkmal zu errichten: ihre Thaten sind ihre Denkmale. (hbr.)
2) Der Chinese, welcher den Jaspis für äußerst köstlich hält, sagt: Es ist ein Mensch von Jaspis.
Man könnte ihm gemahlenes Gold anvertrauen, oder: eine Kirche auf ihn bauen. (h.)
3) Wenn ein frommer Mann einen halben Laib Brod ißt, giebt er die andere Hälfte den Armen. (pers.)

vom Furlaner, vom Toskaner und vom Venetianer durch den Spruch bezeichnet:

Das Blut ist nicht Wasser. [1])

Der Albanese sagt:

> Das Blut wird nicht zu Wasser;

und:

> Das Fleisch trennt sich nicht von dem Nagel.

Der Portugiese wünscht:

> Gott lasse mich da, wo die Meinen sind!

Persisch heißt es:

> Ein Verwandter ist immer ein Verwandter, und ein Fremder ein Fremder. [2])

Im Negerenglischen dagegen hören wir:

> Viele Familienglieder, viele Gespenster; [3])

denn:

> Wenn ein Verwandter stirbt, stirbst du (darum) nicht, aber wenn er Schande auf sich ladet, trifft dich die Schande mit. (afr.)

Albanesisch haben wir noch:

> Die Brüderschaft wie eine Handelsgesellschaft,

die sich nach dem Tode der Eltern auflöst, indem es auf Türkisch lautet:

---

1) Blut ist nicht Wasser. (engl.)
2) Im Guten und im Schlimmen halte dich an die Deinigen. (sp.)
3) So viel Verwandte, so viel Plagen. (v.)
   Verwandte, Zahnschmerz. (v.)
   Verwandtschaft, geh' fort. (v.)
   Besser ein guter Fremdling, als ein fremder Verwandter. (schw.)
   Weit von den Verwandten, große Liebe; nahe bei den Verwandten, lauter Hader. (lit.)
   Iß und trink' mit deinen Verwandten, aber laß' dich mit ihnen in kein Geschäft ein. (ngr.)

Der Bruder ist dem Bruder Freund, die Börsen aber sind geschieden. [1]

Schauerlich klingt der Spruch des Polen:

Wenn du weiter keinen Feind hast, so bringt dir die Mutter einen zur Welt. [2]

Der Deutsche spricht:

Bruderzorn, Höllenzorn; [3]

der Bergamasker:

Brüderliebe, Messerliebe,

und der Perser ruft energisch aus:

Es ist besser, ein Hund sein, als ein jüngerer Bruder. [4]

In Betrachtung solcher angenehmer Verhältnisse sagt wohl der Venetianer:

Einzeln Leben, gesegnet Leben;

und der Wallache:

Besser wehe mir, als wehe uns! [5]

---

1) Wir sind zwar Brüder, aber unsere Taschen sind keine Schwestern. (wal.)
Wir wollen uns lieben, aber die Börsen mögen sich beißen. (ill.)
Bevettere mich hier, bevettere mich da, — bleib' mir vom Kirschbaum. (westph.)
Das „Unsrige" und das „Meinige" sind zweierlei. (neg. engl.)
Was dein ist, ist mein, aber Meines ist etwas Anderes. (hd.)
2) „Wer hat dir die Augen ausgestochen?" — „Mein Bruder." — Daher ließ auch der Zigeuner, als er Kaiser geworden war, zuerst seinen Vater aufhängen. (wal.) (Denn da war er vor künftigen, noch möglichen Brüdern sicher.)
3) Brüderzorn, Teufelzorn. (sp.)
Brod des Bruders, Brod und Messer. (m.)
Bruderkrieg, Hundekrieg. (sa.)
Kein schlimmerer Krieg, als zwischen Blut und Blut. (t.)
4) Afrikanisch heißt es dagegen:
Wer einen jüngern Bruder hat, dessen Geheimnisse sind sicher.
5) Besser sagen: ich Aermster! als: wir Aermsten! (v.)
Es ist besser sagen: Armer! zu mir, als: Arme! zu uns. (parm.)

aber gleich darauf meint der Venetianer:

Der Mensch lebt vom Menschen; [1]

und der Deutsche spricht:

Der Mensch lebt nicht vom Brod allein;

er bedarf auch der Liebe, der Gefährtenschaft, des Bei=
standes.

Der Mensch kommt zum Menschen (um Hülfe). (perf.)

Der Baum stützt sich auf den Baum, und der Mensch auf den
Menschen. (f.)

Der Fisch lebt mit dem Fisch, der Vogel mit dem Vogel, und
der Mensch mit dem Menschen, (p.) (g.: die Menschen mit
den Menschen).

Die Welt ist die Heimat aller Menschen. (r.)

Alle Herzen sind Geschwister. (b.) [*]

Die Seele ist die Gefährtin der Seele. (tü.)

Schade um die Speise, welche allein gegessen wird. (perf.) [3]

Weder die Freude noch die Trauer eines Einsamen hat irgend
etwas Gutes in sich. (hb.)

Allein lebt es sich selbst im Paradiese nicht gut. (v.) [4]

Die Menschen sind auch nicht zum Alleinleben verurtheilt.

---

1) Niemand lebt nur ihm selbst. (b.)
  Der Baum trägt seine Aepfel nicht ihm selbst. (b.)
  Das Schaf trägt ihm selber keine Wolle. (b.)
2) Im Bergamaskischen heißt es sehr komisch:
  Alle Schnauzen sind Schwestern, d. h. Allen schmecken gute
  Bissen.
3) Wer allein ißt, krepirt allein. (v.)
  Wer allein, alleinchen bleibt, stirbt allein in seinem Bett. (m.)
      Niemals wirst geliebt du sein,
      Denkst du nur an dich allein. (t.)
4) Der Teufel selbst hat einen Genossen nöthig; (ta.)
benn traurig ist es, wie der Litauer sagt:
  Allein sein wie ein Fingerchen, (Vögelchen, Tröpfchen).

Berg und Thal kommen nicht zusammen, aber Menschen. (b.) [1]

Berg und Berg kommen nicht zusammen, aber Mensch und Mensch kommen zusammen. (neg. engl.) [2]

Die Berge stehen fest, aber die Leute der Welt begegnen sich. (parm.)

Der Mensch kommt zum Menschen, aber der Berg kommt nicht zu einem Berge. (pers.) [3]

Wenn die Menschen zusammengekommen sind und einander gefallen haben, so werden aus ihnen Freunde und Liebende. Das Sprichwort sagt über Freundschaft sowohl wie über Liebe des Guten so viel, daß wir nur wenige Proben aus seiner reichen Schatzkammer mittheilen können.

Ein Gott und nicht mehr,
Aber Freund' ein ganz Heer. (engl.) [4]

---

1) Berg und Thal kommen nicht zusammen, aber gute Freunde wohl. (b.)
Berg und Thal begegnen sich nicht, wohl aber Menschen, (sp.) (plattd.: Menschenkinder wohl).
Die Leut' begegnen sich, nicht aber die Berge. (Ef.)
Berge (frz.: Zwei Berge) kommen nicht zusammen, aber Menschen. (lit.)
Freunde können sich treffen, aber Berge begegnen sich niemals. (engl.)
2) Berge und Berge kommen nicht zusammen, aber Menschen und Menschen kommen zu einander. (ja.)
Der Berg nähert sich nicht dem Berge, aber der Mensch nähert sich dem Menschen. (tü.)
3) Der Stein kommt nicht zum Menschen, sondern der Mensch muß zum Steine kommen. (plattd.)
Der Durstige geht zum Brunnen, nicht der Brunnen zu ihm. (hb.)
Da die Mühle nicht zum Wasser geht, geht das Wasser zur Mühle. (port.)
4) Man kann nicht Freunde genug haben. (frz.)
Viele Freunde, viele Schätze. (p.)
Macht Euch Freunde. (ja.)

Der Mensch hat an einem Gott genug, aber nicht an einem Freund. (cz.)

Man kann nicht leben ohne Freunde. (port.)

Ein Mensch ohne Freunde ist wie die linke ohne die rechte Hand. (hbr.)

Wer nicht Freund oder Bruder hat, hat weder im Arm noch in der Hand Stärke; (t.) [1])

und doch:

Ohne Bruder kann man leben, aber ohne Freund nicht; (b.) [2])

denn:

Das Herz ist mehr, als das Blut; (b.) [3])

und:

Ein Freund in der Noth ist besser, als ein Bruder in der Ferne. (b.)

Ueberhaupt:

In den Prüfungen erkennt man die Freunde. (port.) [4])

Ein Feind ist zu viel, und hundert Freunde sind nicht ge=
nug. (t.)
Tausend Freunde, das ist wenig, ein Feind, das ist viel. (til.)
Viele Freunde im Allgemeinen und einen im Besondern; (port.)
denn:
Freundschaft und Liebe lieben nicht große Zahl. (g.)
1) Wer Niemand hat, der ihn stillt, kann sich seine Augen aus=
weinen. (engl.)
2) Der aufrichtige Freund ist der geborne Bruder. (r.)
Wer keinen Freund hat, lebt nur halb. (frz.)
Halte einen treuen Freund mit deinen beiden Händen. (afr.)
Wer einen Freund hat, hat einen Schatz. (ia.)
Süßes Ding ist der wahre Freund. (t.)
Der Freund ist des Freundes Gott. (cz.)
3) Besser Freundschaft, als Familie. (cz.)
Besser ist ein Freund, als hundert Verwandte. (frz.; a. t., l., v.)
Ein Freund ist mehr werth, als ein Verwandter. (til.)
4) Den Freund erkennt man im Unglück. (v.)
Den sichern Freund erkennt man in der Unsicherheit. (t.)
Geduld, Tugend, ein Freund und eine Gattin werden alle
in der Zeit der Trübsal erprobt. (hb.)

In den Stunden der Angst erkennt man den Freund. (t.)

Freilich sagt der Toskaner auch:

Wer viele Freunde will, erprobe wenig;

denn leider ist nur zu oft die Erfahrung gemacht worden:

Wenn das Glück sauer zu sehen beginnt, packen die Freunde ein. (engl.) [1]

Glück ist der Freunde Sommer, Unglück aller Freunde Winter. (b.)

Aber wenn der Freund geprüft ist und sich bewährt hat, wie freudig sagt da der Deutsche:

Ein Freund in Noth,
Ein Freund im Tod,
Ein Freund hinter'm Rücken,
Das sind drei starke Brücken.

Was die Liebe betrifft, so wird sie von den Guarani's in Paraguay anga „Seele=nehmen" genannt, und nicht bald dürfte ein schönerer Name für die Liebe gefunden werden. Das Sprichwort sagt von ihr eben so schön:

Wer nicht liebt, der hat kein Herz. (m.)

Nicht geliebt haben, heißt niemals selig gewesen sein. (pers.) [2]

Liebe ist der Morgen der Tugenden, Haß der Abend der Sünden. (lett.)

Ein Liebender ist gültiger, als ein Vater. (pers.)

Die Liebe, die glaubt das, was sie nicht sicht. (m.) [3]

---

1) Gutwetterfreund wechselt wie der Wind. (sp.; a. port.)
2) Es ist das Herz, das uns zu Hölle und Himmel trägt, (engl.)
 (afr.: zu Feuer oder Himmel trägt).
 Nicht lieb ist die Welt, wo kein Geliebter ist. (r.)
3) Wer liebt, glaubt. (v.)
 Mißtrauen ist eine Art an den Baum der Liebe. (r.)
 Ach, das Fieber ist keine Krankheit, aber die Eifersucht ist eine.
 (neg. frz.)
 Wer liebt, fürchtet. (v.)

Die Liebe ist stärker, als der Tod. (b.) ¹)

Du hast keinen Meister über die Liebe. (p.)

Liebe hat kein Gesetz. (frz.)

Die Liebe hat vor Niemand Respekt. (v.)

Die Liebe regiert ihr Königreich ohne Schwert. (engl.)

Die Liebe kann Alles thun. (b.) ²)

Für den Liebenden (p.: dem Liebenden) ist Nichts schwer. (cz.) ³)

Wer sich liebt, braucht wenig Raum. (m.)

Schatz ist nicht Silber noch Gold, Schatz ist, was einem lieb
ist. (s.) ⁴)

Nicht das ist gut, was gut ist, sondern das, was einem lieb
ist. (p.) ⁵)

Nicht lieb, der da schön, sondern schön, der da lieb. (r.) ⁶)

Sogar der Liebe Zorn wird gepriesen:

1) Jede Kraft weicht der der Liebe. (frz.; a. it.)
   Liebe macht die Zeit vergehen und geht über den Handschuh
   hinaus. (m.)
   Kein Kraut kann Liebe heilen. (engl.)
2) Die Liebe übersteigt sieben Mauern. (b.)
   Liebe überwindet Alles. (lat.; a. m.)
   Liebe kriecht, wo sie nicht gehen kann. (engl.)
   Die Liebe verbirgt sich auch hinter einem Nadelknopf. (b.)
3) Für den Liebsten auch das Ohrgehänge aus den Ohren. (r.)
4) Besser Brodkrumen mit Liebe, als fette Hühner mit Schmerz. (t.)
   Brod und Käse, aber mit dir, der (die) du meinen Kummer
   kennst. (b.)
5) Wer Jemand liebt, sieht seine Fehler nicht. (p.)
   Die Liebe blendet die Augen. (m.)
   Liebe ist blind, sieht aber auch zu gut. (b.)
6) Was lieb, ist schön. (g.)
   Wer das Häßliche liebt, dem scheint es schön. (pot.)
   Nie schien ein Gefängniß schön, noch ein Liebchen häßlich. (engl.)
   Alle Dinge sind gut: hat die Liebste kein gelb Haar, hat sie
   eine gelbe Haut. (h.)
   Wenn sich nur die Schönen verheiratheten, was sollten die
   Häßlichen thun? (t.)

Liebeszorn ist neuer Liebeszauber. (b.) [1]

Ein Schlag vom Liebhaber ist (wie) eine Rosine. (äg. ar.)

Das ursprünglich Göttliche der Liebe wird durch ihre Entstehung hervorgehoben:

Liebe kommt unversehens und kann nicht gelehrt werden. (pers.)

Aus dem Ei des Mitleids ist oft schon die Henne der Liebe gekrochen. (r.)

Zur Liebe zwingst du weder durch Bitten noch Drohungen. (cz.)

Die Art und Weise der Liebe ist ihr allein eigen. (hb.)

Die Liebe fängt man mit einem Seidenfaden, und verjagt sie nicht mit einem Schiffstau. (r.)

Die Liebe findet man nicht auf dem Markte. (it.) [2]

Die Liebe kauft und verkauft sich nicht, aber sie giebt sich gegen Liebe. (m.)

Liebe will Liebe. (b.)

Liebe begnügt sich mit Liebe. (port.)

Liebe, wenn du geliebt werden willst. (m.) [3]

Liebe den, der dich liebt, antworte dem, der dich ruft; (t.) [4]

denn, sagt der Franzose:

> Süß ist Lieben und nicht bitter,
> Wird's gefolgt vom Wiederlieben.

---

[1] Wo große Liebe ist, entsteht großer Zorn. (it.)
[2] Liebe mißt sich nicht nach der Elle. (m.)
[3] Darin ist der Engländer anderer Meinung:
> Folg' der Lieb', und sie wird dich fliehen,
> Flieh' die Lieb', und sie wird dir folgen;
und:
> Die am meisten lieben, werden am wenigsten gewürdigt.
Der Bergamasker stimmt mit ihm überein:
> In der Liebe ist glücklich, wer sich nie verliebte.
[4] Wer dich gern hat, den habe du gern, und wer dich weg wünscht, den wünsche noch weiter weg. (äg. ar.) (Resoluter und vortrefflicher Rath!)

Aber freilich, im entgegengesetzten Falle seufzt der Tos=
kaner:

> Lieben und nicht geliebt werden, ist wie antworten, wenn man
> nicht gerufen ward.

Ueberhaupt bekennt der Toskaner:

> Liebe ist nicht ohne Bitteres;

der Czeche:

> Liebe ist gleich der Rose nicht ohne Dornen;

und abermals der Toskaner:

> Wo große Liebe ist, ist großer Schmerz. [1]

Darum sagt er:

> Nicht soll der Liebe folgen, der nicht Muth und Gebuld hat; [2]

denn:

> Liebe fordert Treue, und Treue Festigkeit. [3]

Nicht immer hat sie diese, besonders wenn sie rasch auf=
flammte und sehr hoch brannte:

---

[1] Herzlich geliebt,
    Schmerzlich betrübt. (b.)
        Was du liebst von Herzen,
        Wirst du verlieren mit Schmerzen; (engl.)
und:
    Was du am meisten liebst, erkennst du beim Verlust. (p.)
[2] Der Perser sagt zwar:
    Weder Gebuld im Herzen eines Liebenden, noch Wasser in
        einem Siebe;
aber damit ist nur die Ungebuld der Sehnsucht gemeint, denn:
    Wer liebt, wünscht; (v.)
und, wie der Bergamasker entdeckt hat:
    Wer Gott anruft, ist nicht zufrieden; wer den Teufel an-
    ruft, ist desperat; wer „O weh!" sagt, ist verliebt.
[3] Wo keine wahre Liebe ist, da ist auch keine Treue. (to.)
    Wo aufrichtig (die Liebe), da sind hundert Engel, wo falsch,
    auch nicht einer. (r.)

Heiße Liebe wird bald kalt; (engl.)

und:

> Feuer der Liebe und Feuer von Stroh
> Haben beide nur flüchtige Loh'. (b.) [1]

Aber von ächter Liebe sagt der Engländer:

> Wahre Liebe wird nicht bald vergessen. [2]

Es ist die, welche sich beweist, denn:

> Die Liebe und der Glaube zeigen sich in den Werken; (port.) [3]

und:

> Aus den Früchten, nicht aus den Blüten,
> Sieht man, was die Herzen hüten. (b.)

Am lebendigsten aber bleibt die erste Liebe. Von ihr sagt der Perser:

> Das Verlangen nach dem Garten verläßt nie das Herz der Nachtigall; [4]

der Däne:

> Alte Liebe rostet nicht;

der Czeche:

> Alte Liebe erlischt nicht bald; [5]

und der Mailänder:

> Wer das erste Mal recht liebt, liebt nicht das zweite Mal.

---

1) Das Rohrfeuer verlischt schnell. (äg. ar.)
   Treue Liebe, Schlittenfahren und Sperberfang dauern nicht lange. (p.)
2) Gut liebt, wer nicht vergißt. (frz.; a. port.)
3) Werke sind Liebe, und nicht süße Worte. (port.)
   Du hast mich lieb? — Ich werd's in der Krankheit seh'n. (In der Noth.) (neg. engl.)
4) Der ersten Liebe vergißt man nimmer. (t.)
   Von Brodsuppe und Liebe ist das Erste das Beste. (port.)
5) Alte Liebe endet nicht bald. (r.)

Indessen ist selbst diese ächte Liebe nicht immer ein Heil, vielmehr ruft der Portugiese pathetisch:

Liebe, Liebe, schlimmer Anfang und schlimmeres Ende!

und erläutert seinen Ausruf, wie folgt:

Die Liebe giebt Keinem Ehre, und Vielen giebt sie Schmerz. [1]

Auch der Perser warnt:

Liebe ist ein Feuer: laßt Jung und Alt sich davor hüten; [2]

und der Engländer meint:

Die lieben zu sehr, die aus Liebe sterben.

Genug, wie der Russe versichert:

Wider die Liebe hilft nur der Haß;

denn:

Der Haß ist stärker als Gift; (neg. engl.)

und:

Liebe ist Gift. (v.) [3]

— — — — — — —

Was aber auch immer in der Liebe zum einzelnen Menschen für Gefahr lauern möge, eine Liebe giebt es, welche Leiden, Enttäuschungen, Entbehrungen über uns bringen, aber uns nimmer bethören und verderben kann: das ist die Liebe zu den Menschen. Das Sprichwort predigt sie mit warmer Eindringlichkeit.

---

1) Was Einer liebt, das verderbt ihn. (vschl.)
2) Die Liebe berauscht, wie der Wein. (m.)
   Die Liebe macht aus den Leuten Thoren. (cz.)
3) Die Liebe ist voll Honig und Gift. (ill.)
   Die Liebe hat zuerst den Honig und dann die Galle. (m.)

Wer sich der Geschöpfe erbarmt, dessen erbarmt sich auch der Himmel.

Wer einem Unglücklichen Liebe erweist, der spricht mit Gott dem Herrn. (r.)

Die Kirche ziert der Altar, den Menschen die Barmherzigkeit. (cz.)

Güte ist nicht Dummheit. (neg. frz.)

Viel Gutes langweilt nicht. (r.) [1]

Das Gute ist lieb, woher es immer komme. (cz.)

Man muß einen Stein aus dem Weg legen, damit Niemand darüber falle. (h.) [2]

Güte kriecht, wo sie nicht gehen kann. (scho.)

Die Güte lockt die Schlange aus der Erde. (tü.)

Allerdings gehört zu dieser Schonung des Leidenden das Verständniß des Leidens. Der Franzose sagt sehr richtig:

———————

1) Das Gute langweilt nicht. (p.)
   Das Gute ist selbst im Schlafe schön. (r.) (Fein bemerkt, indem beim Schlafenden das Antlitz sich in seiner Naturwahrheit offenbart.)
   Will der Böse nicht von seiner Bosheit lassen, möge darum der Gute nicht von seiner Güte lassen. (hb.)
2) Hilf dem blinden Hunde über die Steige. (engl.)
Der Venetianer empfiehlt ebenfalls sehr dringend die Barmherzigkeit gegen unsere stummen Haus- und Lebensgenossen: die Thiere.
   Wer die Thiere mißhandelt, mißhandelt auch die Christen.
   Wer kein Herz für die Thiere hat, hat auch keins für die Christen.
   Wer Hunde und Katzen todtschlägt, thut nie Gutes.
Scharf sagt der Russe:
   Wer die Fische schuppt der Gewohnheit wegen, der ist werth, daß er geschunden werde des Spaßes halber.
Die übertriebene Thierliebe dagegen tadelt der Sicilianer:
   Wer von Hunden und Katzen Freund ist, ist Feind von Christen.

Die Narren haben nie Mitleid mit den Weisen;
sie begreifen nicht, warum und woran ein Weiser lei=
den kann. Nur:

> Wer weiß, weiß mitzufühlen. (d.)

> Wer selbst in Trübsal ist, der fühlt für Andere. (perf.)

> Niemand weiß besser, was gut ist, als wer selbst Schlimmes
> erduldet hat. (engl.) [1]

> Wer Andere bemitleidet, bemitleidet sich selbst. (d.)

Dasselbe ist es mit dem Verzeihen:

> Wer am meisten versteht, verzeiht am meisten. (t.) [2]

Geben wir nicht Mitgefühl und Verzeihung, so empfan=
gen auch wir beides nicht.

> Man muß Theil nehmen, um Theilnahme zu finden. (t.) [3]

> Um Vergebung zu finden, muß man vergeben. (d.) [4]

> Wer Gutes thut, findet Gutes. (m.) [5]

----

1) Wenn man gelitten hat, ist man zum Mitgefühl geneigt. (d.)
   Wer die Mühen des Reisens erfahren, ist freundlich gegen
   Fremde. (p.)
2) Vom Verzeihen werden schöne Worte gesagt:
   Vergieb Jedem eher, als dir selbst. (frz.; a. it.)
   Willst du Vergnügen empfinden, lerne verzeihen. (d.)
   Das Mittel gegen Beleidigungen ist: sie vergessen. (t.)
   Willst du mit Allen in Frieden leben, habe Nachsicht mit allen
   Fehlern. (d.)
   Ein Unrecht vergessen, ist die beste Rache. (engl.)
   Verzeihen ist des Christen, Vergessen des Thieres. (m.)
   Die Rache ist Gottes. (sa.)
   Der Beleidiger verzeiht niemals. (engl.)
3) Wir müssen mitfühlen, um Mitgefühl zu finden. (d.)
   Der Mensch soll geschmeidig sein wie das Rohr, und nicht
   hart wie die Ceder. (hbr.)
4) Damit man uns verzeihe, müssen wir verzeihen. (m.)
5) Gutthat ist niemals weggeworfen. (m.)
   Das Gute dankt sich selbst. (p.)
   Jeder erwiesene Dienst kehrt mit seinem Gewinn nach Hause
   zurück. (m.)

Wenn Einer Gutes thut, wird Gott es ihm für Gutes an=
rechnen. (afr.)

Gutes für Gutes. (hb.)

Darum lehrt das Sprichwort:

Sei gut und entziehe den Guten deine Hand nicht; (hbr.) [1]

und:

Findest du Einen, der dir bös will, thu' ihm Gutes, um ihn
zu gewinnen. (m.)

Thue Gutes und denke nicht daran, wem. (t.) [2]

Thue Gutes und wirf es in's Meer; wissen's die Fische nicht,
Gott wird's wissen. (tü.) [3]

Was du im Feuer verlierst, wirst du in der Asche wiederfin=
den. (neg. frz.)

Wirf das Brod auf das Land hin, du wirst es am Ende
wiederfinden; (hbr.) [4]

denn:

Das Almosen geht zum Balkon (Fenster) hinaus und kommt
zur Thüre wieder herein. (b.)

Demnach ist das Sprichwort berechtigt zu der Verheißung:

Almosen geben armet nicht. (b.) [5]

Desgleichen sagt aber der Mailänder auch:
Wer Böses thut, findet Böses;
worin der Bergamasker einstimmt:
Wer Andern Böses thut, wird nie Gutes haben.
1) Thue Gutes deinen Freunden,
Niemals Böses deinen Feinden. (m.)
2) Gieb auch dem Teufel, Geben ist immer gut. (b.)
3) Thue Gutes und wirf's in den Fluß, oder: wirf's in das
Meer und vergiß es. (perf.)
4) Wirf das Brod hinter den Rücken, und du wirst es vor dir
finden. (r.)
5) Armen geben armet nicht,
Kirchengehen säumet nicht,
Wagenschmieren hindert nicht,
Unrecht Gut wuchert nicht,
Gottes Wort trüget nicht. (b.)

Keiner wurde je arm vom Almosengeben. (frz.)

> Almosen, das von Herzen kommt,
> Dem Nehmer wie dem Geber frommt. (d.) [1]

Den Armen geben mehrt den Vorrath. (engl.) [2]

Den mildthätigen Geber liebt Gott. (r.) [3]

Wer den Armen giebt, giebt Gott. (tü.)

Wer den Armen giebt, der leihet dem Herrn; [4]

und:

> Wer den Armen leiht, dem zahlt Gott die Zinsen. (d.)

> Den Bedürftigen geben, heißt nicht geben, sondern säen. (ha.) [5]

> Wer den Täubchen die Körner wehrt, dem wird Gott die
> Säcke wehren. (r.) [6]

Nur ist es mit dem bloßen Geben nicht genug; es muß
auch gern und schnell gegeben werden, denn:

> Schnelle Gabe hat Gott lieb;

und:

> Einen fröhlichen Geber hat Gott lieb. (d.) [7]

Das begreift sich wohl:

> Wer gern giebt, frägt nicht lange; (d.) [8]

und:

---

1) Almosen bringt keine Schande (dem Empfänger). (d.)
2) Armen geben ist gewisse Einnahme. (d.)
3) Jede Hand ist schön, welche giebt. (p.)
4) Wohlthun trägt Zinsen. (d.)
   Zehn in dieser Welt und hundert in der nächsten. (perf.; g.ä.l.)
5) Alles, was du giebst, wirst du mit dir nehmen. (tü.)
6) Allah läßt dem das Saattheil mißrathen, der den Vögeln
   nicht das Erntetheil läßt. (tat.)
   Wer den Armen sein Ohr verstopft,
   Den hört auch Sankt Peter nicht, wenn er klopft. (d.)
7) Einen guten Geber segnet Gott. (d.)
   Je bereitwilliger die Gabe, um so höher, wer sie giebt. (p.)
8) Wer gern giebt, läßt sich nicht lange bitten. (d.)

Wer eilt, giebt zwei Mal. (cз.) [1]

Dagegen:

Wer mit der Gabe zaudert, hat den Dank schon eingenommen. (b.) [2]

Wie es vom Prediger der Menschenliebe nicht anders zu erwarten ist, warnt das Sprichwort ernstlich vor jeder feindlichen Gesinnung gegen unseres Gleichen. Es sagt geradezu:

Ochsen und Esel, welche Lasten tragen, sind besser als Menschen, welche ihre Nebenmenschen quälen. (pers.)

Besonders beispielreich wird von ihm die Gefahr der Heimtücke hervorgehoben.

Wer Andern eine Grube gräbt, fällt selbst hinein. (eur.) [3]

Wer Andern Fallen stellt, fällt oft selbst hinein. (frz.) [4]

Wer einem Andern Schlingen legt,
Sich selbst darin zu fangen pflegt. (b.)

---

1) Zwei Mal giebt, wer rasch giebt. (p.)
Wer rasch giebt, giebt zwei Mal. (frz.; a. engl.)
Zweifach giebt, wer im Nu giebt. (engl.)
Doppelt giebt, wer bald giebt. (lat.)
Wer rasch giebt, verdoppelt die Gabe. (it.)
2) Langsame Gabe (langsam Geben) verliert den Dank. (b.)
3) Wer eine Grube für seinen Nachbar macht, fällt hinein. (prov.)
Eine Grube ist auf dem Wege dessen, der sie gräbt. (pers.)
Er ist in die Grube gefallen, die er für Andere gegraben hat. (til.)
4) Wer die Andern betrügen will, der macht einen Sack, worin er sich selbst fangen wird. (b.)
Wer zu betrügen sucht, wird betrogen. (it.)
Wer täuscht, täuscht sich. (frz.)
Er wollte einen Schnitt machen und hat sich geschnitten. (b.)
Bisweilen beißt die Schlange den Marktschreier, (der sie Künste machen läßt, um sich das Ansehen eines Zauberers zu geben). (l.)

Untreue schlägt ihren eignen Herrn. (b.) [1]

Verrath kommt dem heim, der ihn ersann. (engl.)

Wer Andern Böses will, dem geschieht oft selbst Böses. (frz.) [2]

Wer Andere mit Koth bewirft, beschmutzt sich selbst. (bä.) [3]

Wer Andere jagt, wird selber müde, oder: muß selber laufen. (b.)

Wer seinem Nachbar einen Stein hinlegt, verwundet sich selbst daran. (prov.)

Wer Andern einen Brand schürt, verbrennt gewöhnlich seine eignen Finger. (b.)

Wer das Haus eines Andern zerstört, dem fällt die Erde auf den Kopf. (pers.)

Wer Andern Galle mischt, mengt sich Gift. (r.)

Wer für Andere einen Strick spinnt, erdrosselt sich selbst. (sa.)

Wir werden oft mit unsern eignen Federn geschossen. (engl.) [4]

Wer einen Hauer (Negersäbel) schleift, um einen Andern zu tödten, schleift ihn für seinen eignen Hals,

oder:

Wenn du das Messer wetzest, um einen Andern zu tödten, so wird es dir selbst auf den Hals kommen. (neg. engl.)

---

1) Untreue straft sich offenbar,
Kein toller Hund läuft sieben Jahr. (b.)
Treulosigkeit fällt auf ihren Urheber zurück. (frz.)
2) Bosheit schlägt ihren eignen Mann. (bä.)
Das Böse trifft den, der's thut. (tü.)
3) Die Verwünschungen sind wie die Prozessionen, welche dahin zurückkehren, woher sie kommen. (t.)
Der Fluch geht und geht, bis er endlich in's Haus zurückkommt. (m.)
Der Fluch geht zum Munde heraus und kehrt zur Nase (zum Ohre) wieder hinein. (lit.)
4) Der Pfeilschmied wird oft von seinem eignen Pfeil getödtet, von seiner Hände Werk wird er bezahlt. (hbr.)
Es schleift Mancher den Dolch für sich selber. (r.)
Durch denselben Löffel, den der Künstler verfertigte, verbrennt er sich den Mund mit Senf. (hbr.)

3

Kurz und bündig werden die Erbschaftserpectanten ab=
gefertigt.

Man soll nicht auf eines Todten Schuhe rechnen. (frz.) [1])

> Wer auf das Hemd harrt, das er erben soll, wird sein Leben-
> lang nackt gehen. (r.) [2])

> Wenn du auf den Löffel eines Verstorbenen blickst (wartest),
> wirst du keine Suppe trinken (essen). (neg. engl.)

> Wer dem Andern das Grab macht, fällt oft selbst hinein. (alb.) [3])

Derbspöttisch singt der Holländer:

> Alte Muhmen
> Wachsen nicht wie Blumen,
> Und alte Oheime,
> Die sind gar nur Träume.

Der Neid wird gerade auch nicht als empfehlenswerth
geschildert.

Neid ist dem Menschen, was Rost dem Eisen. (d.) [4])

> Der Neidische quält Niemand mehr, als sich selbst. (it.) [5])

> Neidhart kann's nicht leiden, wenn die Sonne in's Wasser
> scheint; (d.)

---

1) Wer auf todter Leute Schuhe wartet, kann lange genug bar=
   fuß gehen. (engl.)
   Wer auf des Andern Schuhe wartet, bis er todt ist, der geht
   barfuß. (d.)
2) Der hat nur einen kalten Anzug, der nach eines Andern Klei=
   dern verlangt. (engl.)
   Wer auf den Hut hofft, den er erben wird, muß barhaupt
   gehen. (lett.)
3) An langem Seile zieht,
   Der nach Anderer Tod aussieht. (frz.)
   Wer Anderer Tod ersehnt, dem naht der eigne. (sp.)
4) Neid neidet (schlägt) sich selbst (frißt seinen eignen Herrn,
   oder: mag Nichts essen, außer sein Herz. (d.) (Wobei man
   ihm nicht zurufen kann: Guten Appetit!)
5) Der Neidische ist sein eigner Henker. (d.)

d. h. er gönnt Andern nicht, was er doch selbst hat, ja, sogar das nicht, was er selbst nicht mag.

> Der Hund ißt keine Kleie, aber er will nicht, daß die Hühner sie fressen. (ba.) [1]

Leider ist:

> Außer dem Himmel überall Neid, (p.) [2]

indem es russisch heißt:

> Neid ist vor uns geboren.

Der Afrikaner sagt uns, wo er sitzt:

> Im Auge sitzt der Neid und nicht im Ohr.

Deshalb sieht er auch Alles in einem kolossal vergrößer=
ten Maße.

Der Russe im Kaukasus spricht:

> In eines Neidischen Auge wächst sich der Pilz zur Palme aus. [3]

Mit gleichem Rechte wird gesagt:

> Neid sieht den Hecht im Karpfenteich für eine Goldforelle an; (r.)

und:

> Neid sieht den See, aber nicht die Riffe; (esth.) [4]

---

1) Des Gärtners Hund frißt keinen Lattich, und will auch nicht,
   daß Andere ihn essen. (it.)
   Wie der Hund, der sich auf's Grünfutter gelegt: weder selbst
   essen, noch einem Andern etwas geben. (lit.)
2) Wenn Neid brennte wie Feuer,
   Wär's Holz nicht so theuer. (b.)
   Wenn der Neid wie Talg röche, man könnte es vor Geruch
   nicht aushalten. (r.)
   Wäre der Neid ein Fieber, alle Welt wäre krank. (it.)
   Der Wolf stiehlt aus Natur, der Mensch aus Neid. (r.)
3) Der Neid sieht einen Wachholderstrauch für einen Tannen=
   baum an.
   oder noch besser:
   Neid macht aus einem Ginster einen Tannenwald. (r.)
4) Neid sieht wohl die Berberitzen am Strauch, aber nicht die
   Dornen. (lit.)

und obwohl der Däne in der Lebensgeschichte des Nei=
des von ihm meldet:

Neid wird zu Hof geboren, im Kloster erzogen und im Spital
begraben,

so fürchten wir doch, der Czeche hat Recht, und:

Herr Neid lebt noch;

denn:

Die Neidischen sterben, aber nie der Neid. (frz.) [1]

Ein Geschlecht, welches, gleich dem der Neidischen, zum
ewigen Leben geboren zu sein scheint, das der Menschen=
wespen, die mit Worten stechen, erhält nicht minder
seine Lehren:

Es ist leichter gescholten, als vergolten. (b.)

Es ist leichter Wunden schlagen, als sie heilen. (it.) [2]

Ein Loch ist leichter gerissen, als geflickt. (r.)

Zugleich wird hervorgehoben, daß den Opfern dieser
feinen Blutsauger endlich die Geduld ausgehen kann, sich
stechen zu lassen.

Wenn man den Wurm tritt, so krümmt er sich. (b.;
a. engl. u. frz.) [3]

Auch das Gras bäumt sich, wenn der Sturm darüber hin=
fährt. (r.)

Neid sieht wohl das Schiff, aber nicht das Leck. (r.)
Der böse Nachbar sieht nur, was hineingeht (in's Haus als
Einnahme), aber nicht, was (als Ausgabe und Almosen)
hinausgeht. (äg. ar.)
1) Alles hat ein Ende, außer dem Neid. (cz.)
2) Verletzen ist leicht, Heilen schwer. (b.)
Ein Mensch ist leichter verletzt, als geheilt. (engl.)
3) Ein Mensch kann seinen eignen Hund dahin bringen, daß er
ihn beißt. (engl.)

Obgleich die Krabbe kein Blut hat, hat sie doch Zorn. (neg. engl.) [1])

Eine gehetzte Katze kann so wüthend werden wie ein Löwe. (engl.)

Auf Vergessen zu rechnen, ist eine Thorheit von Seiten des Beleidigers. Nur er vergißt, der Beleidigte erinnert sich.

Wer beleidigt, schreibt's in Sand, wer beleidigt wird, in Marmor. (it.) [2])

Wer sie thut (die Beleidigung), vergißt sie, wer sie empfängt, bindet sie sich an den Finger. (b.)

Wenn Ihr das Kleine eines Tigers gegessen habt, so schlaft nicht fest; (neg. frz.)

frißt der Tiger Euch heute nicht, so frißt er Euch morgen, denn:

Aufgeschoben ist nicht aufgehoben. (b.) [3])

Schonung ist keine Freisprechung. (engl.)

Warten ist nicht schenken. (b.) [4])

Ein Stein verfault nicht im Wasser. (hd.)

Lange ist nicht ewig. (b.)

Gleich gefährlich findet das Sprichwort die Selbstüberhebung.

---

1) Jede Ameise hat ihren Zorn. (sp.; g. ä. r.)
   Jede Schlange hat ihr Gift. (it.)
   Eine Nadel hat auch einen Kopf. (h.)
   Auch ein Grashalm wirft seinen Schatten. (r.)
   Jedes Haar wirft seinen Schatten auf den Boden. (sp.)
2) Wem man giebt, der schreibt's in Sand, wem man nimmt, der schreibt's in Stahl, (sp.) (b.: und Eisen).
3) Alles, was aufgeschoben ist, ist nicht verloren. (frz.; a. engl.)
4) Wenn man lange aufschreibt, so rechnet man ein Mal; (b.) denn:
   Lange geborgt ist nicht geschenkt. (b.)

Hochmuth kommt vor dem Fall. (d.) [1]

Stolz geht voran, und Schande folgt nach. (engl.) [2]

Hochmuth ist der Vater, und der Sohn Schimpf. (äth.)

Wer auf der Schaukel der Hoffahrt sitzt, kann leicht herabfallen und Arme und Beine brechen. (r.)

Wenn Gott eine Ameise verderben will, läßt er ihr Flügel wachsen. (ar.)

Stolz brachte den gefallenen Engel in's Verderben; (pers.) [3]

denn:

Gott ist der Feind der Stolzen. (tü.) [4]

Melancholisch theilt das Sprichwort seine Beobachtungen über die häßliche Eigenschaft des Menschen mit, welche wir das „Triumphiren" nennen möchten. Sie offenbart sich, wenn ein Unheil geschehen ist und die Habgierigen ihren Vortheil daraus ziehen, wenn eine Größe gefallen ist und die Kleinlichen ihrer spotten, wenn ein Gefürchteter gestorben ist und die Feigen ihn nachträglich herausfordern.

Wenn der Baum gefallen ist, so macht ein Jeder Holz. (d.) [5]

Wenn das Haus brennt, wärmen sich Alle. (v.) [6]

---

1) Stolz muß zu Fall kommen. (engl.)
2) Wo Stolz ist, da ist Verachtung. (äth.)
3) Der Stolz wollte gen Himmel steigen, und fiel, um in der Hölle zu zerschmelzen. (ba.)
4) Ein Mensch mit Stolz behaftet, ist als ein Götzendiener zu betrachten. (r.) (Weil er sich selbst anbetet.)
5) Vom gefallenen Baum läuft Jeder Holz hauen. (it.)
   Jeder läuft Holz lesen vom Baume, der zu Boden fällt. (frz.)
   Ist der Baum gefallen, geht Jeder mit der Axt hin, (engl.) (it.: stürzt Jeder mit der Axt über ihn her).
6) Wenn mein Bart angebrannt ist, dient er dem Andern zum Anzünden der Pfeife. (tü.)

Wenn der Baum hängt, schreit Jeder: fälle! fälle! (it.) [1]

Fällt der Acoma (Riesenbaum der Antillen), sagt Jeder: 's ist verfaultes Holz! (neg. frz.)

Wenn der Zaun fällt, springen die Hunde darüber. (d.)

Wenn ein Mann erst fällt, werden Alle auf ihn treten. (engl.) [2]

Wenn der Hund unten liegt, beißen ihn alle Hunde. (d.) [3]

An einem todten Adler rupft jede Krähe. (r.)

Wenn der Storch todt ist, kriechen die Eidechsen in seinen Schnabel. (lett.) [4]

Todte Katze beißen selbst die Mäuse. (d.) [5]

Einen todten Wolf tritt jedes Schaf mit Füßen. (esth.)

Wenn der Löwe todt ist, springen selbst die Hasen auf ihm herum. (it.) [6]

Er reißt dem todten Löwen die Mähne aus. (tü.) [7]

Wenn's Feuer erloschen ist, spielen die Negerkinder mit der Asche. (neg engl.) [8]

Was das Sprichwort dem Menschen am meisten vor=wirft, das ist die Undankbarkeit. Es sagt holländisch:

1) Einer Wand, die fallen will, giebt Jeder gern 'nen Schupp. (d.)
2) Wer da fällt,
   Ueber den läuft alle Welt. (d.)
   Wer fällt, der wird getreten. (r.)
3) Wenn der Wolf gefangen ist, zerfleischen alle Hunde ihm die Seiten. (frz.)
   Ein Kranker ist gut schlagen. (d.)
   Ist das Ende des Menschen (d. h. das Alter) herangenaht, so herrscht Alles über ihn. (hebr.)
   Wenn der Wolf alt wird, reiten ihn die Krähen. (d.)
4) Wenn der Frosch todt ist, setzen sich die Fliegen in seinen Rachen. (lett.)
5) Um die todte Katze springen die Mäuse her. (v.)
6) Wenn der Jäger todt ist, schießt der Hase über ihn Purzel=bäume. (esth.)
7) Den todten Löwen kann jeder Hase am Barte zupfen. (d.)
   Wer den lebenden Löwen nicht anzusehen wagte, zupft den todten am Barte. (d.)
8) Das Feuer aus, spielt das Hündchen in der Asche. (neg. frz.)

Undankbare Menschen haben das dritte Theil der Welt inne, ja, noch mehr;

englisch:

Selbst Gott droben hat nicht die Liebe der Menschen;

und fügt zusammenfassend hinzu:

Undank ist der Welt Lohn. (d.) [1]

Und leider sieht das Sprichwort, wie sonst wohl zu= weilen, die Sache nicht durch eine schwarze Brille an. – Es ist alte Erfahrung. Umsonst warnt der Orientale:

Lege nicht die Axt an den Baum, der dich während des Un= wetters beschirmt. [2]

Umsonst sagt der Chinese:

Ich werde wie der Vogel sein, welcher dem, der ihn befreit hat, einen goldnen Zweig bringt,

was ein chinesischer Vogel, der Ueberlieferung nach, einst wirklich für denjenigen that, der ihn von einem Strick losgebunden hatte.

Vergebens endlich erklärt der Engländer:

Ein undankbarer Mensch ist der schlimmste der Menschen.

Es ist nun ein Mal so:

---

1) Hohn für Lohn, Stank für Dank. (d.)
 Die Welt bezahlt mit Undank. (frz.)
 Man diene, wie man will, so ist Undank der Lohn. (d.)
 Schlechte Frucht erntet (pflückt), wer Undankbaren dient. (it.)
 Wer Undank haben will, der thu' nur Gutes. (Hlg.)
2) Wirf keinen Stein in die Quelle, von welcher du trinkst. (äg. ar.; g. ä. hbr.)
 Verunreinige nicht den Bach, der dich getränkt, verfluche nicht den Busen, der dich genährt. (or.)
 Einen Wald, der dir Schutz gewährt hat, nennst du nicht ein Gestrüpp. (afr.)
 Bete nicht um die Zerstörung des Hauses, von dem du issest. (äg. ar.)

Trägſt du den Undankbaren nach Rom und ſetzeſt ihn unſanft nieder, ſo ſieht er dich ſcheel an. (d.) [1]

Die Axt geht gegen den Wald, aus welchem ſie ihren Stiel holte. (hdr.)

Fahrt wohl, Körbe, die Leſe iſt vorüber. (frz.) [2]

Wenn der Wanderer getrunken hat, wendet er dem Brunnen den Rücken zu. (d.)

Wenn der Rauch aus der Eſſe iſt, weiß er Nichts mehr vom Holze. (lett.)

Wenn die Sau ſatt iſt, ſtößt ſie den Trog um. (h.) (Daſſelbe d. vom Ferkel.) [3]

Wer Einem in den Steigbügel hilft, dem muß man zum Dank aus dem Sattel helfen. (d.) (Vorſchrift zum Guten!)

Nachdem ich ſein Haus gedeckt habe, möcht' er mich hinunterwerfen. (engl.)

Ich habe ihm einen Berg aufgeſchüttet, und er gräbt mir eine Grube. (lit.)

Keiner lernte jemals von mir das Bogenſchießen, ohne mich ſpäter zum Ziel ſeiner Pfeile zu nehmen. (perſ.) [4]

------

1) Wer dich gen Rom trüge und ſetzte dich Ein Mal etwas unſanft nieder, ſo wäre Alles verſchüttet. (d.)
   Tragt Euern Freund nach Rom und ſetzt ihn etwas unſanft nieder, ſo habt Ihr Euern Dank weg. (h.)
   Trag' deine Frau dein ganzes Leben auf dem Rücken — macht Nichts; wenn du ſie ein Mal niederſetzeſt, ſo ruft ſie gleich: „ich bin müde!" (wal.)
   Entſchieden iſt das „Huckepacktragen" ein Geſchäft, welches ſich nicht lohnt.
2) Nach der Weinleſe verachtet man die Reben. (r.)
3) Es wie das Pferd machen, welches die Krippe umſtößt, wenn es gefreſſen hat. (it.)
   Er ißt das Salz und zerbricht das Salzfaß. (perſ.)
   Gegeſſenes Brod iſt bald vergeſſen. (engl.)
   Das Brod iſt gegeſſen und die Geſellſchaft geſchieden. (h.)
4) Ich lehrte dich tauchen, und du ſuchſt mich zu ertränken. (engl.)
   Der Knabe, welcher ſich einſt an meinen Rock hielt, faßte mich ſpäter am Kragen. (perſ.)
   Ich habe ihm Ruthen gegeben, um mich damit zu peitſchen. (frz.)

Einem Undankbaren Gutes thun und eine Schlange im Busen tragen, ist eins so gut wie das andere. (d.) [1]

Er hat einen Vogel großgezogen, um sich die Augen ausbacken zu lassen. (engl.)

Nähre den Raben, so wird er dir die Augen ausbacken. (tü.; a. ba.)

Einem Schlechten Gutes thun, heißt Wasser in's Meer schütten. (port.) [2]

Erweist man einem Schelm Gutes, so macht man dem Herrgott Verdruß. (v.)

Erweise den Schlimmen nichts Gutes, so wird dir nichts Schlimmes widerfahren. (hbr.)

---

1) Wer die Schlange im Busen großzieht, wird mit Gift bezahlt. (it.)

Wer eine Schlange hegt, der erwarte nichts Anderes, als daß er gestochen werde. (r.)

Erziehst du dir einen Raben,
So wird er dir zum Dank die Augen ausgraben. (d.)

Mancher nährt den Raben, der ihm dann die Augen ausbacken wird. (it.)

Wer einen Wolf großzieht, der wird zum Dank von ihm gefressen. (r.)

Wer Unwürdigen wohlthut, hat nichts Anderes zu erwarten, als der einer Hyäne Zuflucht giebt (ar.)

Willst du dem Tiger nicht wehethun, so wird der Tiger dir wehethun. (chin.)

Eine verworfene Seele hält sich für verpflichtet, nicht eher von dannen zu scheiden, als bis sie ihren Wohlthätern Schlimmes erwiesen hat; eine edle Seele hingegen fühlt sich verbunden, selbst ihren Feinden Gutes zu erweisen. (hbr.)

Schmiere einem Bauern die Stiefeln, er wird sagen: man verbrenne sie ihm. (frz.)

Schmiert einem Bauern die Stiefeln, und Ihr werdet nur seinen Schmutz haben. (pic.)

Er hat ein Fohlen auferzogen, welches ihn vor die Schienen schlägt. (plattd.)

2) Schelmen Gutes thun, heißt Wasser in die See tragen. (h.)
Auch:

's ist Geld in's Wasser geworfen, oder: Butter an den Galgen geschmiert. (h.)

Ja, es wird sogar gesagt:

> Rette einen Dieb vom Galgen, und er wird der Erste sein, der dir die Kehle abschneidet. (engl.) [1]

Weiter heißt's:

> Der Fluß überschritten, der Heilige vergessen. (sp.; a. frz.) [2]

> Sobald Einer aus dem Elend gerettet ist, verliert er das Gedächtniß. (lat.)

> Ein Mal am Ufer, beten wir nicht mehr. (engl.)

> Wenn's dem Neger wohlgeht, vergißt er Gott. (neg. engl.)

Genug:

> Der süßeste Honig verdirbt im unreinen Gefäß; (or.) [3]

und:

---

1) Der Deutsche drückt es etwas weniger stark aus:
> Wenn du Einen vom Galgen lösest, er brächte dich selber gern daran.

Der Italiäner dagegen spricht wie der Engländer:
> Nimm den Gehängten ab, und er wird später dich hängen;

und der Franzose bestätigt beide mit den Worten:
> Nimm einen Schelm vom Galgen, und er wird dich daran hängen.

Der Lette sagt ironisch:
> Thu' einem Hunde Gutes,

oder:
> Thu' dem Teufel Gutes;

und der Holländer äußert in gleichem Sinne:
> Gebt dem Teufel Kuchen.

2) Ist die Landspitze umfahren, wird der Heilige verspottet. (it.)
> Glücklich über die Bruck,
> Verlacht man Nepomuk. (b.)

Ist die Gefahr vorüber, wird der Heilige ausgelacht. (b.)

Ist die Gefahr vorbei, ist Gott vergessen, oder: so wird die Zusage vergessen. (b.)

Wenn die Citrone ausgedrückt ist, wirft man sie weg. (neg. engl.)

3) Ist die Schüssel nicht rein, verdirbt, was man hineinthut. (dä.)

Fische, die man in trockne Teiche wirft, sind weggeworfen. (engl.)

Alles ist verloren, was man in eine zersprungene Schüssel thut. (engl.)

Die Lüge will der Philosoph als einen unpraktischen Fehler dem Praktikus zur Strafe überlassen, und seiner= seits sich begnügen, die Wahrheit zu predigen. Nicht etwa als bequem oder vortheilhaft. Dazu weiß er zu gut:

Wahrheit bringt Gefahr. (b.)

Wer der Wahrheit zu dicht auf den Fersen folgt, wird Schmutz in's Gesicht geworfen kriegen. (engl.)

Wer die Wahrheit geigt, dem schlägt man die Fiedel an den Kopf. (b.) [1]

Wer überall die Wahrheit reden will, findet keine Gastfreund= schaft. (it.) [2]

Der Wahrheitsliebende wird aus der Stadt gejagt. (tü.) [3]

Der Wahrhaftige hat die Pest im Hause. (it.)

Die Wahrheit sagen kostet einem Mann oft sein Brod; (pers.) [4]

denn leider heißt es nicht immer:

Wer die Wahrheit predigt, spricht Griechisch. (dä.)

Vielmehr kann man mit dem Russen sagen:

Die Stimme der Wahrheit ist so gellend, wie Pfauenstimme.

Die Wahrheit allein beleidigt; (frz.) [5]

---

1) Schiebe den Riegel vor, so Einer stets die Wahrheit geigt. (b.)
2) Wer die Wahrheit redet, findet keine Herberge. (b.)
3) Wer die Wahrheit spricht, muß einen Fuß im Steigbügel haben. (tü.)
        Wer will die Wahrheit sagen,
        Muß schnell von bannen jagen. (b.)
4) Wahrheit thut der Zunge weh. (b.)
5) Wahrheit erzeugt Haß. (lat.; a. frz. u. it.)
    Die Wahrheit ist bitter. (tü.)
    Die Wahrheit ist der Welt leid. (b.)

unb:

> Willfahren macht Freunde, Wahrsagen Feinde. (b.) [1]

Die Folge ist:

> Wahrheit hat ein gut Gesicht, aber schlechte Kleider; (engl.)

unb:

> Wahrheit geht mit dem Bettelsack, Lüge reitet auf hohem Gaul.
> (lett.) [2]

Dennoch räth der Perser:

> **Wähle die Wahrheit, damit du selig werdest.**

Denn:

> Die Wahrheit ist Gottes Tochter. (sp.) [3]
>
> Wahrheit ist das Siegel Gottes. (hbr.)
>
> Die Wahrheit hat große Kraft. (it.) [4]
>
> Wahrheit hat stets einen festen Grund. (engl.)
>
> Das Oel und die Wahrheit bleiben oben. (ba.; a. sp. u. frz.)
>
> > Wahrheit wird wohl gedrückt,
> > Aber nicht erstickt. (b.) [5]
>
> Wahrheit härtet sich unter dem Hammer. (agr.)
>
> Wahrheit kann getadelt, aber nicht geschändet werden. (engl.)
>
> Es ist kein Strick stark genug, um die Wahrheit zu henken. (r.)
>
> Wenn Wahrheit auch alt wird, sie stirbt nicht. (lett.)

Nachdem das Sprichwort gewarnt und ermahnt, droht es:

> **Strafe um Sünde bleibt nicht aus. (b.) [6]**

---

1) Wahrheit findet Feinde, wo sie sich keine macht. (engl.)
2) In die Angel der Wahrheit beißen nur kleine Karpfen, mit
   dem Netz der Lüge fischt man große Lachse. (lett.)
3) Wahrheit ist die Tochter der Zeit. (engl.)
4) Gegen das Wahre giebt's keine Erwiderung. (it.)
5) Wer die Wahrheit wollte begraben,
   Müßte dazu viel Schaufeln haben. (b.)
6) Kein Laster ohne Strafe. (it.)

Wer schlecht thut, dem geht's schlecht. (it.) [1]

Die Frau des Diebes lacht nicht immer. (sa.; a. v. u. t.) [2]

Wenn der Dieb zum Galgen zeitig ist, bringt er den Strick selbst mit. (b.) [3]

Wenn der Fuchs zeitig ist, trägt er selber den Balg zum Kürschner. (b.)

Zuletzt treffen die Füchse sich beim Pelzhändler. (frz.; a. it.) [4]

Und noch:

Man entgeht wohl der Strafe, aber nicht dem Gewissen. (b.) [5]

Man wird nicht schärfer gebissen,
Als vom Gewissen. (it.)

Denn:

Ein bös Gewissen hat Wolfszähne; (b.)

und nicht von Jedem kann man mit dem Sprichwort sagen:

Sein Gewissen dehnt sich wie 'ne Bockshaut. (b.) [6]

---

1) Wo Laster ist, folgt Vergeltung. (engl.)
2) Die Kirmeß der Schlechten dauert kurze Zeit. (m.)
3) Einen zeitigen Dieb erläuft ein hinkender Scherge. (b.)
4) Alle listigen Füchse kommen endlich beim Kürschner in der Beize zusammen. (b.)
 Jeder Fuchs muß mit seiner eignen Haut bezahlen. (engl.)
5) Bös Gewissen, böser Gast,
 Weder Ruh noch Rast. (b.)
6) Hier borgt der Philosoph vom Humoristen:
 Gewisse Gewissen sind wie Strümpfe gemacht, jetzt weit, jetzt eng. (b.)
 Ein weites Gewissen — man könnte junge Hunde durchbeuteln. (b.)
 Er hat ein Gewissen, wie'n Schäferhund, was er nicht auffrißt, nimmt er mit. (plattd.)
 Mancher hat ein so enges Gewissen — man könnte mit einem Fuder Heu durchfahren. (b.)
 Er hat ein Gewissen, wo man mit einem Fuder Heu drin umwenden kann. (plattd.)

Vielmehr hat der Däne Recht, indem er spricht:

Das Gewissen ist der König der Könige.

Dem Gewissen kann man keinen Affen drehen. (d.) [1]

Ein gutes Gewissen ist ein gutes Kopfkissen. (it.)

Ein gutes Gewissen ist eine eherne Ringmauer. (d.)

Gutes Gewissen ist tausend Zeugen werth. (lat.) [2]

Das Gewissen ist das eigne, innerliche Gericht über den Menschen, sein Wesen und seine Handlungen; das fremde, äußerliche ist die Meinung. Das Sprichwort erkennt ihr eine große Berechtigung zu:

Volkesstimme, Gottesstimme.

(d.; ursprünglich altgr., jetzt eur.) [3]

Wo eine Versammlung ist, da ist Gott. (hb.)

Darum heißt es:

Wer der Versammlung gehorcht, der gehorcht Gott, und wer Gott gehorcht, gehorcht der Versammlung. (hb.)

Was Alle sagen, ist wahr. (engl.) [4]

Allgemeiner Ruf ist selten grundlos. (d.)

---

1) Das Gewissen verführt Niemand. (dä.)
2) Dem Menschen thut weh, was beißt oder sticht,
   Aber dem guten Gewissen nicht. (d.)
   Der gute Ambos fürchtet nicht den Hammer. (it.)
3) Volkesstimme, Gottessohnesstimme. (j.)
   Volkesstimme stimmt zu Gottes Willen. (p.)
   Für Gottes Stimme hält man, worin Alle übereinstimmen. (p.)
   Die Stimme des Volkes ist die Kesselpauke Gottes. (pers.)
4) Die allgemeine Meinung ist selten zu tadeln. (engl.)

Um Nichts munkelt man nicht. (v.) [1])

Wie gewöhnlich nimmt das Sprichwort auch hier ein Thier als Beispiel, und zwar dieses Mal hauptsächlich die Kuh, selbst in Venedig, wo bekanntlich die Kühe gezählt sind, und ihr Futter durch Barken herbeigeholt werden muß.

> Man heißt keine Kuh bunt, sie habe denn einen Flecken; (v.)

oder:

> Man heißt keine Kuh Blümlein (Blümlin, Bleßlin),
> Sie habe denn ein Sternlein. (v.)

> Da wird keine Kuh Blesse geheißen, oder sie hat was Weißes vor'm Kopf. (plattd.)

> Man sagt nie Schecke zu einer Färse, die nicht einige Flecken hat. (Pat.) [2])

> Die Welt sagt nicht Schecke, wenn nicht irgend ein Flecken ist. (v.)

Man sieht, der Venetianer drückt es großartig aus. Der Deutsche sagt noch:

> Es ist keine Elster, sie habe denn etwas Buntes;

und:

> Wer stößig ist, dem sagt man Bock.

Vom Menschen spricht er:

> Wie Einer handelt, so sagt man's ihm nach;

und:

> Sünde gut, Schande gut.

---

1) Was der Pöbel spricht,
   Ist nicht ganz und gar erdicht't. (v.)
2) Man sagt niemals gefleckt, wenn nicht irgendwo Flecken im Fell sind. (v.)
   Wer nicht „Buntge" heißen will, muß keine Flecken haben. (b.)

Der Engländer meint:

Wer oft beargwohnt wird, hat irgend eine Schuld;

der Venetianer:

Wer schuldig ist, wird beargwohnt.

Mit einem Wort:

Guter Ruf ist Goldes werth. (d.) [1]

Der gute Name kauft Alles. (v.)

Guter Ruf gilt mehr, als goldner Gürtel. (frz.; a. kro. u. s.) [2]

Mit einem guten Namen kommt man überall durch. (v.; a. m.)

Ein guter Name ist das beste Erbtheil, (cz.) [3] (d.: ein reiches Erbtheil).

Ein guter Name ist die schönste Mitgift. (hbr.) [4]

Er kann eher ein Auge einbüßen, als seinen guten Namen. (tkl.)

Nur der ist todt, dessen Name nicht mit Achtung genannt wird. (pers.) [5]

Nehmt meinen guten Namen und nehmt mein Leben. (engl.)

Lüge (d. h.: Verläumdung) thut weher, als eine Wunde. (neg. engl.)

Für den guten Namen und die Ehre sei bereit, den Kopf zu geben. (r.)

Ein guter Name behält seinen Glanz im Dunkeln. (engl.)

Das Feuer verbreitet sich, der Ruf breitet sich aus. (cz.)

---

1) Ein guter Name ist besser als Reichthümer, (engl.; a. r.) (d.: als Silber und Gold, oder: als baares Geld).
2) Ein Quentchen Ruf gilt mehr als tausend Pfund Gold. (d.)
3) Guter Name (it.) } ist ein zweites Erbtheil.
   Guter Leumund (d) }
4) Ein guter Name ist ein schönes Heirathsgut. (d.)
5) Wer den Ruf verloren hat, ist todt für die Welt. (v.)
   Das Pferd stirbt, sein Sattel bleibt; der Mensch hört auf, sein Name bleibt. (tkl.)
   Der Ruf ist das Salz des Lebens. (v.) (Indem er es auch nach dem Tode erhält.)

Der Ruf fliegt wie ein Vogel. (f.) [1]

Vom Ruf füllt sich die Erde. (r.)

Sehr richtig sagt der Holländer, welcher mit seinem lang=
samen Zuschlagen häufig den Nagel auf den Kopf trifft:

> Wenn Zwei Dasselbe thun, ist's nicht Dasselbe; [2]

denn:

> Wer den Ruf des Frühaufstehens hat, kann getrost den ganzen
> Morgen im Bette bleiben; (h.) [3]

und dagegen:

> Wenn man den Ruf hat, lange zu schlafen, hilft es Einem
> Nichts, wenn man früh aufsteht. (frz.)

In gleichem Sinne spricht der Italiäner wie der Spanier:

> Wer schlimm ist und für gut gehalten wird, kann Böses thun,
> ohne daß man es ihm glaubt; [4]

und der Engländer:

> Wer einen schlechten Namen hat, ist halb gehangen. (g. ä. h.) [5]

---

1) Der Serbe sagt:
   Die Worte fliegen, und der Ruf wächst;
jetzt aber mit etwas von orientalischer Ascetik hinzu:
   Der Ruf steigt in den Himmel, und wenn man recht hinsieht,
   ist es ein Windei.

2) Alle Fische fressen Menschen, der Hai allein hat einen schlech=
   ten Namen. (neg. frz.)
   Wenn die Ratten einen Aussätzigen fressen, hört Niemand was
   davon; sobald aber der Aussätzige anfängt, Ratten zu essen,
   schreit alle Welt: der Aussätzige ißt Ratten! (neg. engl.)

3) Schafft Euch einen guten Namen und geht schlafen. (engl.)
   Kauf' dir einen guten Ruf und leg' dich schlafen. (sp.)

4) „Gemalte Schachtel" heißt ein solcher auf Italiänisch. Venetianisch sagt man:
   Wenn Einer in guter Meinung steht, so ist Alles, was er
   thut, wohlgethan.

5) Wehe dem Wolf, der in schlechtes Gerücht kommt! (h.)
   Der gute Ruf geht weit, aber der schlimme noch viel weiter. (f.)
   Das Gute hört man weit, aber das Böse noch viel weiter. (p.)
   Das Schlimme hört man weiter, als das Gute. (f.)

Dieser spricht auch:

> Eine schlimme Wunde wird geheilt, aber ein schlimmer Name nicht,

was der Deutsche bestätigt:

> Ein Mal in der Leute Mund, kommt man schwer wieder heraus; [1]

indem er hinzufügt:

> Wenn die Katze ein Mal einen Vogel frißt, so muß sie immer hören: Katz', vom Vogel! [2]

Und selbst wenn Einem das Unglaublichste nachgesagt wird, so räth das Sprichwort einem solchen Unglück= lichen:

> Wenn dir gesagt wird, du seist ohne Nase, greife mit der Hand hin. (it.)

> Wenn dich Alle betrunken nennen, geh' zu Bette. (b.)

> Nennt man dich betrunken, halte dich beim Gehen an die Mauer. (ngr.)

> Nennen dich deine Freunde einen Esel, so lege dir eine Halfter auf. (hbr.) [3]

> Wenn Alle sagen, du seist ein Esel, schreie wie einer; (frz.)

und:

> Wer ein Ferkel heißt, muß in den Koben. (h.)

---

1) Wer ein Mal in die Mäuler kommt, kommt selten unverletzt wieder heraus. (b.)

2) Spöttisch sagt der Russe:
Die Katze heißt allezeit Mausfängerin, auch wenn sie die Sahne leckt und den Speck nascht.
Sehr rührend beklagt sich der Basle:
Ich aß nur ein einziges Kind, und man nennt mich Kinder= fresser!
Bei den Letten erbt dergleichen sogar fort:
Süßes naschte ein Mal der Bär, nun heißen seine Enkel Honigfresser.

3) Sagt dir Einer, du habest Eselsohren, kümmere dich nicht darum; sagen dir's Zwei, so lege dir einen Sattel auf. (hbr.)

Allerdings sagt das Sprichwort von grundlosen Beschul=
bigungen tröstend auf toskanisch:

Gras, das keine Wurzel hat, stirbt bald;

auf venetianisch:

Wo kein Oel ist, geht das Licht aus;

auf bergamaskisch:

> Drei Tage dauern die Neuigkeiten,
> Und kommen sie an als Wichtigkeiten,
> So können sie bis zu achten reiten; [1])

aber besser ist es doch, wenn nicht erst grundlose Be=
schuldigungen erhoben werden. Und man läßt sich so
leicht dazu hinreißen! Nicht aus bösem Herzen, das ist
zum Glück immer ein seltener Fall, aber aus Gedanken=
losigkeit, oder weil man getäuscht wurde, d. h. das Gute
und Wahre nicht entdeckte und erkannte, denn:

Der Schein trügt. (d.; a. frz.)

Oft birgt sich süße Frucht unter rauhem Laube. (it.)

Oft steckt in schlechter Scheide eine Klinge von feinem Stahl.
(t.) [2])

Oft birgt sich unter geringem Kleid ein edles Herz. (it.) [3])

Oft findest du im abgetragenen Leinkittel einen kernigen Ver=
stand. (p.)

Auch unter dem abgetragenen Hut kann ein weises Haupt
sein. (cz.)

Sieh' nicht den Mann nach der Mütze an. (lett)

---

1) Die Wunder dauern drei Tage. (b.)
   Kein Wunder dauert länger, als drei Tage. (t)
2) Es ward wohl schon eher eine üble Scheide gefunden, darin
   ein guter Degen steckte. (d.)
3) Oft pflegt unter Geringem sich Großes zu verbergen. (lat.)
   Auch in der Erbhütte kann ein großer Mann geboren wer=
   den. (s.)

Sieh' nicht auf die Rinde, sondern auf das Mark. (bulg.)

Nun heißt es aber auch:

Es ist nicht Alles Gold, was glänzt. (eur.) [1]

Es glänzt mancher Kulm im Abendgold, auf dem man doch kein Erz findet. (r.)

Nicht jeder Glühwurm ist Feuer. (it.)

Schöner Apfel ist auch wohl sauer; (b.; g. ä. it)

und:

Auch rothe Aepfel sind wurmstichig. (b.) [2]

Schön von Aussehen ist oft inwendig häßlich. (it.) [3]

> Sieh' dich wohl für.
> Schaum ist kein Bier. (b.) [4]

Wie es nun anfangen, um weder vom Bösen unter dem Schein des Guten getäuscht zu werden, noch sich im ent= gegengesetzten Sinne selbst zu täuschen? Man muß ver= suchen, aus etwas sichtbar Vorhandenem auf etwas zu schließen, was, obschon für uns noch unsichtbar, doch gleichfalls vorhanden ist. Es ist, um gleich mit dem bekanntesten Beispiel zu beginnen:

---

1) Nicht Alles Gold, was man sieht, oder: was blitzt. (cz.)
   Alles das, was Glanz hat, ist nicht lauter Gold. (piem.)
2) Oft ist der schönste Apfel wurmstichig. (frz.)
3) Es ist ein mißlicher Schluß von der Schale auf's Ei. (r.)
   Die Kastanie ist schön von außen, und drinnen hat sie den
       Wurmfraß. (it)
   Nicht Alles Schönheit, was sich schminkt. (cz.)
       Auch der Mensch ist wie der Apfel,
       Innen faul, von außen gut. (m.)
4) Wie die Bilder nach den Ländern verschieden sind! Der Glüh=
   wurm und die Kastanie in Italien, in Deutschland das
   Bier. Der Apfel ist allgemeines Eigenthum aller Völker.

Kein Rauch ohne Feuer. (eur.) [1]

Wo geläutet wird, sind Glocken; (b.)

und:

Die Glocken gehen nicht, wenn nicht Jemand sie läutet. (v.)

Wo man blöken hört, sind Schafe im Lande. (b.)

Wo Linden sind, da wird es an Bienen nicht fehlen. (tat.)

Wo Störche sind, da sind auch Frösche. (plattd.)

Wo das Loch ist, da ist der Krebs. (v.)

Wo es Fischottern giebt, da giebt es auch Fische. (r.)

Wo keine Hühner sind, sind auch keine Marder. (lett.)

Es muß doch Wasser gewesen sein, wo der junge Ochse ertrunken ist. (scho.)

Wo das Wild getödtet wurde, muß etwas Blut sein. (scho.)

Es rauscht im Rohr, wenn der Wind geht. (r.)

Ebenso dürfen wir aus dem, was ein Mensch thut, oder an sich hat, auf das schließen, was er ist:

Den Baum erkennt man an den Früchten. (d.; a. frz.) [2]

Am Gesange erkennt man den Vogel. (lat.: a. it., frz., b.) [3]

---

1) Kein Rauch ohne irgend ein Feuer. (engl.)
 Wo Rauch ist, muß auch Feuer sein, oder: wo Rauch aufgeht, da ist Feuer nicht fern. (b.)
> Ohne Rauch kein Feuer,
> Ohne Mäuse keine Scheuer. (b.)
 Keine Scheuer ohne Mäuse. (it.)
 Kein Feuer ohne Rauch. (frz.)
 Es giebt kein Feuer ohne einigen Rauch. (engl.)
2) Den Baum an der Frucht.
 Den Buben an der Zucht. (b.)
3) Den Vogel am Gesange,
 Den Hafen (Topf) am Klange. (v.; a. dä.)
 Den Topf erkennt man am Klange. (cz.)
 Am Gesange ist der Vogel kenntlich. (kro.) (cz. ebenso: r. u. cz.: am Fluge; kro., tr. u. cz.: an den Federn.)

An der Stimme wird der Vogel, an den Tatzen der Löwe erkannt. (f.) [1]

Man kennt den Vogel an den Federn. (Eif.)

An den Federn erkennt man den Vogel, aus den Worten den Menschen. (lat.; ebenso cz.)

Den Menschen an den Worten, die Pflanze am Duft. (cz.) [2]

Wie der Mensch, so seine Rede. (ill.)

Die Rede ist der Mensch. (ill.)

Die Rede ist das Bild des Geistes: wie der Mann, so seine Rede. (lat.)

Wie der Verstand, so die Worte. (cz.) [3]

Den Vogel erkennst du am Gefieder, den Wolf am Fell, und den Menschen an der Rede, dem Schnitt (der Kleidung) und am Gange. (cz.) [4]

Den Pfau erkennst du an den Federn, die Krähe (den Uhu) am Fluge, und die Elster am Schwanz. (r.) [5]

Den Falken erkennst du am Flug, und den tüchtigen Jüngling am Gang. (f.) [6]

1) Den Löwen und den Bären erkennst du an der Tatze. (cz.)
Ich erkenne den Wolf am Fell und an der Kralle. (cz.)
Den Esel verräth das Ohr und den Löwen die Tatze. (lett.)
Die Esel erkennt man an den Saumsätteln. (it.)
2) Aus den Worten erkennt man wie Jemand ist. (r.)
Die Menschen erkennt man am Sprechen, und die Glocken am Läuten. (it.)
Am Lachen erkennt man den Narren. (frz.)
3) Am Sprechen erkennt man, was im Kopfe ist. (p.)
4) Man erkennt eines Menschen Weisheit, wenn er ein Haupt ist
„ „ „ „ Geduld, „ „ in Noth „
„ „ „ „ Demuth, „ „ groß wird.
„ „ „ „ Reichthümer, „ „ todt ist.(engl.)
Der Tod zeigt, was Jemand hat. (p.)
Der Tod schließt die Augen und den Mund, und öffnet die Schränke ohne Schlüssel. (p.)
5) Das Rad verräth den Pfauhahn, es verräth ihn aber auch seine Stimme. (lett.)
6) Du erkennst den Wolf am Gang, oder: den Widder an der Wolle. (cz.)

An den Augen erkennt man, wie Einer ist. (lit.)

Die Krähe erkennt man an den Federn. (g.)

Den Fuchs erkennst du am Schwanz. (kro.) [1]

Was, der Meinung des Sprichwortes nach, diese Weise der Beurtheilung besonders empfehlenswürdig macht, ist die Zeitersparniß. Ein Mal geurtheilt, ist ein für alle Mal geurtheilt, denn:

Art läßt nicht von Art;
(d.) [2]

und:

Natur hat keine Kur. (wal.)

Schon Horaz versicherte, die Natur wäre nicht ein Mal mit der — gabel zu kuriren, d. h. auszutreiben, sie käme immer wieder. Wir werden über dieses unheil= bare Wesen noch höchst Ergötzliches vom Humoristen zu hören bekommen, und auch der Philosoph weiß davon das Mannichfaltigste zu sagen.

Was im Knochen sitzt, geht nicht aus dem Fleisch. (engl.)

Was man von Natur hat, das bleibt bis zum Grabe. (it.)

Der Frosch läßt sein Quaken nicht. (d.) [3]

---

1) Den Fuchs erkennst du am Schwanz, den Löwen und den
   Bären an den Klauen. (cz.)
   Den Fuchs verräth der Schwanz, und den Wolf der Rachen. (r.)
   Man kann nicht umhin, zu bemerken, daß die Slaven noch im=
   mer mit den „wilden Gästen des Waldes" zu thun haben: die
   Eigenheiten dieser Thiere sind ungemein scharf beobachtet.
2) Art will nicht von Art, Unkraut nicht aus dem Garten. (h.)
   Art läßt nicht von Art,
   Der Bock nicht seinen Bart,
   Der Speck nicht von der Schwart'. (d.)
3) Die Katze läßt das Mausen nicht. (d.)
   Die Gans läßt ihr Schnattern nicht. (d.)

Die Elster kann ihr Hüpfen nicht lassen. (h.; g. ä. b.)

Das Schaf blökt immer auf dieselbe Weise. (frz.) [1]

Gäbe man einem Bettler die ganze Welt, er würde doch noch betteln. (perf.) [2]

> Setz' einen Frosch auf goldnen Stuhl,
> Er geht doch wieder in den Pfuhl. (d.) [3]

Der Frosch kann nicht aus seinem Sumpf. (engl.) [4]

Ist der Frosch gewöhnt an den Sumpf und geht nicht heute, so geht er morgen, oder: und ist auf dem Berge, so kehrt er in die Ebene zurück. (d.) [5]

Die Katze liebt die Milch. (neg. engl.) [6]

Gewohnheit ist die fünfte Natur. (äg. ar.) [7] (Die Araber bezeichnen als Naturen, was wir Temperamente nennen.)

---

1) Ich bin der Rabe (Arras); bin ich oben, so ruf' ich: Kwa! komm ich herunter, so ruf' ich: Kwa! (neg. engl.)
Lamm! Lamm! ist des Wolfes Vesperglocke. (d.)
Amis, amma, amma! bellen alle Hunde. (lit.)
Das Leben des Storches geht hin mit Lak! Lak! (zu schreien). (tü.)
2) Du kannst einen Krebs niemals dazu bringen, gradaus zu gehen. (agr.)
3) Die Frösche geh'n dem Bache zu, legt man sie schon an Ketten. (d.)
4) Man kann den Frosch nicht aus dem Sumpfe kriegen. (t.)
5) Es ist schwer, einem Schweine etwas Schlechtes abzugewöhnen. (engl.)
Deswegen heißt es hebräisch:
Hänge dem Schwein das zarteste Gras um den Hals, so wird es sich dennoch im Koth herumwälzen.
Zu Bergamo glaubt man dermaßen an die Macht der Naturgewohnheit, daß man von Einem, der sich plötzlich ganz verändert, bedenklich sagt:
Er hat geändert den ganzen Sinn:
Ein Zeichen ist's — er fährt bald dahin;
oder auch ganz einfach:
Er will sterben.
6) Alle Katzen lüstert's nach Milch. (westph.)
7) Gewohnheit ist die Zwillingsschwester der Natur, (äg. ar.)
(d.: eine andere Natur).

Schneide dem Hunde den Schwanz ab, er bleibt Hund. (it.) [1]

Der Wolf ändert das Fell, aber nicht die Gemüthsart, (lat.) [2]
(it.: die Bosheit).

Der Fuchs verliert das Fell, aber nicht seine Laster. (parm.)

Wenn die Otter in einen neuen Balg schlüpft, so schlüpft sie
doch wieder in einen Schlangenbalg. (r.)

Der Tiger ist alt, aber seine Flecken sind nicht ausgegangen.
(neg. engl.)

Eine Wildente läßt sich nicht zähmen. (wal.) [3]

Sperre den Wolf in den Schafstall, er wird doch suchen, in
den Wald zu entwischen. (r.)

Das Sprichwort hält übrigens diese Unverbesserlichkeit
für genealogisch:

Katzenkinder mausen gern. (d.) [4]

Es schnappt nach Bienen, was vom Spechte kommt. (r.) [5]

Einem Habicht braucht man das Hühnerrupfen nicht erst zu
lehren. (llr.) [6]

---

1) Es bleibt doch der alte Knecht. (h)
   Der Rock ändert sich, der Knecht bleibt. (lett.)
2) Wenn der Wolf sich verwandelt, so wird ein Lämmerwürger
   aus ihm. (r)
   Der Wolf wird älter, aber nicht besser. (d.)
   Er bessert sich wie die alten Wölfe, oder: wie saures Bier auf
   dem Fasse. (h.)
   Der Fuchs ändert den Balg
Und bleibt ein Schalk,
Der Wolf ändert das Haar
Und bleibt wie er war. (d.)
   Schafe würgt auch der satte Tiger. (tat.)
   Der Wolf schnappt nach dem Lamm noch, wenn ihm die
   Seel' ausgeht. (d.)
3) Pflege die jungen Habichte auf das Zärtlichste, sie wollen doch
   wieder in den Wald. (r)
4) Was von der Katze stammt, fängt Mäuse. (it.; a. engl.)
   Was die Katze gebiert, fängt Mäuse. (alb.)
5) Was vom Marder kommt, würgt gern. (r.)
   Es strebt den Schafen zu, was von den Wölfen kommt. (r.)
6) Wer zeigt dem Wolf im Walde den Weg? (lett.)

Dem Seehund brauchst du das Bellen nicht erst zu lehren. (flu.) [1]

Ein guter Hund jagt von selbst. (frz.)

Ebenso glaubt das Sprichwort an den Stammbaum der Natur in absteigender Linie.

Der Adler heckt keine Zeislein. (d.) [2]

Eulen brüten Eulen. (h.) [3]

Ein Wolf zeugt keine Schafe. (frz.) [4]

Katzen legen keine Enteneier. (h.) [5]

Raben zeugen keine Tauben,
Dornen bringen keine Trauben. (d.) [6]

Ein Strunk bringt keine Kirschen. (v.) [7]

Dem Wolfe (dem Bettler) brauchst du den Weg nicht zu zeigen. (lit.)

Einem Hasen braucht man das Kohlfressen nicht erst zu lehren. (r.)

1) Was von der Henne kommt, das gackert. (v.; a. it.)
   Sollte das Ei besser sein als die Henne? Das wär' der Geier! (h.)
   Der Frosch lernt das Quaken von selber. (r.)
   Auch die jungen Bären brummen schon. (sng.)
   Mutter ist die Maus: sie haben Alle Schwänze. (b.)

2) Ein Adler heckt keine Taube. (b.)
   Vom Adler kommt keine Taube. (it.)
   Adler brüten keine Tauben. (lat.)
   Es heckt kein Rab' ein Zeislein,
   und:
   Keine Krähe heckt einen Zeisig. (d.)

3) Eulen hecken keine Falken. (d.)
   Eine Eule brütet kein buntes Habichtlein aus. (lit.)
   Eine Eule heckt keinen Blaufuß. (d.)

4) Die Ziege bringt keine Schafe zur Welt. (neg. engl.)

5) Die Tochter einer Krabbe gebiert keinen Vogel. (afr.)

6) Von Dornen kann man keine Trauben lesen. (b.)
   Man liest nicht Feigen vom Dornstrauch, oder: keine Feigen von Dornhecken. (b.)
   Disteln tragen keine Trauben. (b.)

7) Die Weiden bringen keine Pfirsiche. (v.)
   Von einem Haselstrauch kann man keine Wallnüsse pflücken. (r.)

Schüttle die Birke, wie du willst, es werden keine Nüsse herabfallen. (r.) [1]

Aus einem irdenen Ei kommt kein Hühnchen. (perf.)

Wer findet solche Natur, daß der Thymian zum Baum wird? (alb.)

Wird der Sperling, der doch geflogen ist, Weihe? (ta.)

Der Hund wächst sich nie zum Löwen aus, wenn er sich auch noch so sehr streckt. (r.) [2]

Erwarte nicht Kälte vom Ingwer und Pfeffer, noch Menschlichkeit von einem Schlechten. (perf.) [3]

Ein Frosch kann nicht singen, wie eine Nachtigall. (b.) [4]

Was nicht drin ist, kann nicht herauskommen. (engl.)

Aus einem Wasserfaß kann man kein Bier zapfen. (r.) [5]

Aus der Sonnenquelle ist Nichts zu kriegen, als Durst, [6]

und:

Vom Thau wirst du nicht Wassers genug bekommen. (perf.)

Auch bleibt man nicht lange in Ungewißheit über das, was man von einer Menschenknospe, d. h. von einem Kinde, zu erwarten hat.

Was eine Nessel werden will, brennt zeitig. (b.) [7]

Der Kürbis weiß Nichts von Citronen. (b.)
Wenn die Eiche Nüsse trägt, so sind es Dintennüsse. (Name der Galläpfel, ein besserer als der deutsche.) (r.)
1) Man schüttelt keine Albe von Kirschenbäumen. (b.)
2) Wer zum Zwerg geboren ist, wird nie zum Riesen heranwachsen. (r.)
3) Man kann von einem Ochsen nicht mehr verlangen, als ein Stück Rindfleisch. (Hrz.)
    Vom Esel kann man nicht Wolle fordern. (b.)
    Vom Bocke kommt weder Milch, noch Wolle. (lit.)
    Die Sau trägt nicht Wolle, wie ein Schaf. (b.)
4) Die Sau singt nicht wie ein Zeislein. (b.)
5) Aus einem Gefäß kann nur sickern, was drin ist. (perf.)
6) Durst wird nicht durch Thau gestillt (hb)
7) Früh sticht, was ein Dorn werden soll. (engl.)

Zeitig krümmt sich der Baum, der ein guter Haken werden
will. (engl.) [1]).

Man sieht zeitig am Kamme, was ein Hahn werden will. (d.)[2]

Kürbisse sind schon aus der Knospe kenntlich. (hbr.)

Der schöne Tag zeigt sich am Morgen. (alb.) [3])

Diese Unzerstörbarkeit des Naturells wird auch im guten
Sinne aufgefaßt. Der Hebräer versichert:

Eine Myrthe, die zwischen Nesseln steht, behält darum doch
den Namen Myrthe;

der Perser:

Der Rosensproß, wo er auch wachse, ist stets eine Rose;

der Russe:

Die Palme trägt auch im Fichtenwald Datteln. [4])

Indessen ist der Däne doch der Meinung:

Die schönsten Aepfel sticht der Wurm am ersten. [5])

Was zum Dorn werden will, spitzt sich bei Zeiten. (d.)
Früh muß stechen, was ein guter Dorn werden soll. (b.)
Was als Dorn kommt, kommt spitzig. (it.)
Der Dorn ist noch so jung, und hat schon Stacheln. (hbr.)
Was zeitig verwundet (wund wird), sticht all' sein' Tage
gern. (b.)
1) Soll's einen guten Haken geben, wird's bei Zeiten krumm.
(d.; a. h.)
2) Am Kalbe erkennt man, was es für einen Ochsen geben
wird. (it.)
3) Der Tag offenbart sich durch seinen Anbruch. (tü.)
Am Morgen sieht man den guten Tag,
und:
Das Gute fängt mit dem Morgen an. (it.)
4) Der Tatare giebt das bloß in Bezug auf das Aeußere zu:
Weiß wird das Gefieder der Taube bleiben, die mit dem Raben fliegt, aber schwarz wird ihr Herz werden.
5) Der analogen Form wegen hier noch einige Sprichwörter:
Im besten Tuche ist der meiste Betrug. (sp.; a. h.)
Der schönste Schuh thut oft dem Fuße weh. (engl.)

Der Engländer sagt:

Die schönste Seide (das feinste Schleiertuch) fleckt am leichtesten;
der Lette:

Wenn der Topf zu schön ist, bricht er gern auseinander.
In der Ewe=Sprache heißt es:

Eine schöne Stadt ist nicht fest und hält sich nicht,
und deutsch, prosaisch, aber wahr:

Die besten Käse werden von den Mäusen angefressen.

Weiter haben wir die Gewißheit:

Wer Pech angreift, besudelt sich.
(d.; a. lat. u. engl.) [1]

Wer Kohlen brennt, hat rußige Hände. (r) [2]
Man hält keine Butter, ohne fette Finger zu bekommen. (Pic.) [3]
Wer Dornen anfaßt, sticht sich in die Finger. (engl.)
Wer durch's Zwiebelfeld geht, riecht danach. (ar.) [4]
Geht man in die Mühle, bemehlt man sich. (d.)
Auf die Traube sehend, wird die Traube schwarz. (tü.) [5]

1) Wer Pech anfaßt, beschmutzt sich die Hände. (it.)
   Wer mit Pech umgeht, beschmiert sich. (d.)
2) Man wird nicht beschmutzt, außer durch einen rußigen Topf.
   (Pic.)
3) Man kann keine Butter anfassen, ohne sich die Finger fettig
   zu machen. (frz.)
   Wer Oel ausmißt, beschmiert sich die Finger. (engl.)
4) Womit man umgeht, das hängt Einem an. (d.)
5) Seht das Böse an,
   So steckt's Euch an. (d.)

Was in eine Salzmine kommt, wird Salz. (perf.)

Sag' mir, mit wem du dich gefällst, und ich sag' dir, wer
du bist. (ba.) ¹)

Es braucht selbst nicht einer ganzen Atmosphäre von
Verderbniß, um zu verderben. Nein:

Ein räudig Schaf steckt die ganze Heerde an. (eur.)

Eine Palmnuß verdirbt alle Palmnüsse. (Nämlich die rothen
Nüsse der Weinpalme, welche gesammelt und gestampft werden, um das Palmöl von ihnen zu erhalten.) (E.) ²)

Ein faules Ei
Verdirbt den ganzen Brei, (b.) (plattd.: das ganze Nest).

Ein schlechtes Kraut verdirbt einen ganzen Topf mit Suppe.
(engl.; a. frz.)

Eine Kartoffel im Korbe macht, daß sie alle stinken. (neg. engl.)

Ein Flecken macht die ganze Ehre schwarz. (bä.) ³)

Ein fauler Apfel verdirbt den ganzen Korb. (h.) ⁴)

Eine angefaulte Birne verdirbt einen ganzen Berg. (t.)

Neben dem faulen Apfel verdirbt auch der gute. (wal.) ⁵)

Ein fauler Apfel macht zehn faule Aepfel. (schw.; a. d. u. sp.)

Englisch unübersetzbar:
Harm watch, harm catch.
1) Womit man verkehrt,
Danach wird man geehrt. (h.)
Sag' mir, mit wem du umgehst, ich sage dir, wer du bist.
(fa.; a. frz.)
Sag' mir, mit wem du gehst, und ich sage dir, was du thust.
(engl.; a. it.)
Willst du Einen kennen, sag' mir, mit wem er verkehrt. (it.)
2) Ein Palmbaum verdirbt den Palmwein. (afr.)
3) Ein einziger Mißton verdirbt den ganzen Akkord. (bä.)
4) Zu einem solchen faulen Apfel in Menschengestalt sagt der
Holländer:
Geht aus meiner Schuit (Kanalschiff), Ihr verderbt meine
Fracht.
5) Ein hohler Zahn steckt seinen Nachbar an. (bä.)

Ein faules Ei verdirbt zwanzig frische. (r.)

Ein fauler Apfel verdirbt hundert, (it.) [1] (b.: steckt hundert gesunde an).

Eine verdorbene Orange verdirbt die andern, so wie ein Böser eine ganze Gesellschaft verderben kann. (or.)

Ein Narr macht viele, oder: hundert. (engl.) [2]

Ein Bube macht mehr Buben. (d.)

Ein Böser macht hundert. (it.) [3]

Kurz:

Böse Gesellschaft verdirbt gute Sitten. (d.) [4]

In der Gesellschaft der Bösen verderben unsere guten Eigenschaften: das Wasser des Nils verliert seine Süsse, indem es sich mit dem Wasser des Meeres vermischt. (or.)

Will man etwa bestimmt wissen, was schlechte Gesellschaft sei, so wird man vom Holländer belehrt:

Die schlechte Gesellschaft ist die, welche die Leute an den Galgen führt; (a. frz.) [5]

denn:

1) Ein einziger verdorbener Apfel verdirbt mehr als hundert. (b.)
2) Ein Narr macht ihrer zehn, oder: hundert. (b.)
   Oft bedarf es nur eines Narren, um die Andern närrisch zu machen. (frz.)
   Ist ein Schäfchen über den Damm, folgen ihrer mehr. (h.)
   (Man weiß, daß in Holland die Dämme eine große Schutzwehrrolle spielen.)
   Blökt ein Schaf, so blökt die Heerde. (lett.)
3) Eine Ungehörigkeit macht hundert. (it.)
   Die Fehler geben einander die Hand. (v.)
4) Gottloser Umgang verdirbt heilige Sitten;
und:
   Auch Rechtschaffene verdirbt schlechter Umgang. (lat.)
   Böses Beispiel verdirbt gute Sitten. (b.)
5) Schlimmes entsteht oft durch schlimme Genossen. (lat.)
   Böse Gesellschaft bringt Manchen an den Galgen. (b.)
   Die Freunde bringen den Menschen an den Galgen. (v.)
   (Wie freundschaftlich!)

Wenn die Schelme in Prozession gehen, trägt immer der Teufel die Fahne. (t.)

Der Baier läßt die schlechte Gesellschaft ihre Opfer am weitesten führen:

> Ein schlechter Geselle
> Führt den andern in die Hölle.

Wenigstens ist es sicher:

> Man kommt in den Himmel nicht zum Trotz der Heiligen. (b.)

Specielle üble Folgen eines üblen Umganges werden in folgenden Sprüchen noch hervorgehoben:

> Wer mit den Wölfen verkehrt, lernt heulen. (frz.) [1]

> Wer mit Katzen jagt, fängt Mäuse. (h.)

> Wer den Hühnern folgt, lernt scharren. (frz.)

> Wer mit Hinkenden geht, lernt hinken. (mag.) [2]

Darum haben der Schotte, der Italiäner und der Fran= zose Recht mit dem Spruche:

> Besser allein, als in schlechter Gesellschaft sein. [3]

Ein Glück ist's noch:

> **Gleich und Gleich gesellt sich gern.** (agr.) [4]

---

1) Wer mit den Wölfen verkehrt, wird heulen lernen. (engl.)
   Wer mit dem Wolfe ist, lernt heulen. (it.)
> Bei Wölfen und Eulen
> Lernt man 's Heulen. (b.)
2) Wer mit Krüppeln umgeht, lernt hinken. (b.)
> Bei Lahmen lernt man hinken,
> Bei Säufern lernt man trinken. (b.)
   Unter Blinden verlernt man das Sehen. (r.)
3) Besser allein, als schlecht begleitet. (v.)
> Besser ist allein,
> Als in böser Gemein'. (v.)
> Besser zu Fuß mit den Tugendhaften,
> Als im Wagen mit den Lasterhaften. (b.)
4) Es ist Nichts so gering und klein,
   Es will bei seines Gleichen sein. (v.)

Jedes Gleiche zieht sein Gleiches an. (v.)

Jedes Gleiche sucht sein Gleiches. (it.) [1]

Der Gleiche sucht den Gleichen. (cz.)

Das Gleiche sucht sich, das Rechte findet sich. (d.)

Der Gleiche kommt zum Gleichen. (p.)

Jeder fand den Seinen. (cz.)

Das Bild fand das Ebenbild. (ill.)

Gleich bei Gleich macht langen Frieden. (d.) [2]

Gleich und Gleich geht gut und dauert. (it.)

Gleich gesinnt macht gute Freunde. (d.) [3]

Jeder ist da am liebsten, wo er seines Gleichen hat. (olf.)

Jeder gesellt sich zu dem, welcher ihm Ebenbild ist. (bulg.)

Gleich liebt Gleich. (engl.) [4]

Das Gleiche erfreut sich des Gleichen, oder: entzückt das Gleiche. (lat.)

Gleich will zu Gleich. (engl.)

Jedes Gleiche begehrt sein Gleiches. (v.)

Was sich gleicht, vereinigt sich. (frz.)

„Gleich und Gleich gesellt sich gern," sagte der Teufel zum Köhler. (d.)

Jeder kannte den Seinen und lud ihn zu Bier; in dem schwarzen Walde traf der Teufel den Satan. (r.)

1) Jeder sucht, wer ihm gleich sei. (frz.)

Reisigbündel sucht Reisigwelle. (frz.)

„Gleich sucht sich, Gleich findet sich," sagte der Teufel, und kam zum Kohlenbrenner. (holst.)

„Gleich bei Gleich," sagte Heintje Pick, da traf er einen Schornsteinfeger. (h.) (Heinz Pech ist einer der vielen Namen des Teufels.)

Es findet der Schmied den Kohlenbrenner. (cz.)

Eine Haut legt sich zur andern. (r.)

2) Gleich und Gleich fängt keinen Krieg an. (d.)

3) Gleichheit macht Freundlichkeit. (d.)

4) Der Gleiche liebt den Gleichen. (r.; a. agr.)

Jedes Gleiche liebt sein Gleiches. (piem.; a. v.)

Der Gleiche ist dem Gleichen lieb. (kro.)

Gott erschafft die Menschen, aber sie gesellen sich zusammen. (it.) [1]

Es frißt das Pferd mit dem Pferde, der Ochse mit dem Ochsen, und das Schwein mit dem Schweine. (klr.)

Eine Krähe sitzt gern neben der andern. (b.; a· lat.) [2]

Vögel derselben Art fliegen zusammen: Tauben mit Tauben, und Falken mit Falken. (pers.) [3]

Eulen fliegen nicht mit Holzkrähen. (h.)

Wasser und Feuer sind nicht zusammen. (E.) [4]

Die verbrannte Erde hängt nicht an der frischen. (ta.)

Und daraus darf weder den Eulen, noch den Holzkrähen, weder dem Feuer, noch dem Wasser ein Vorwurf gemacht werden, denn, wie der Lateiner sagt:

Ueber den Geschmack läßt sich nicht streiten.

— — — — —

Gleiches Blut,
Gleiches Gut,
Gleiche Jahre,
Giebt die besten Paare. (b.)
Jeder Hans muß seine Jule haben. (engl.)
Stotterbernd hat Stotterhenneken lieb. (b.)
Jedes Schaf zu seinem Gefährten. (engl.)
Widder und Schaf ein Paar. (r.)
Jedes Schaf mit seines Gleichen. (sp.)
1) Der Bergamasker sagt indessen auch:
  Der Herr hat sie gemacht und der Herr hat sie gepaart.
2) Eine Krähe setzt sich neben die Krähe, Einer sucht seinen Gleichen. (cz.)
3) Vögel desselben Gefieders schaaren sich. (engl.)
  Vögel von einerlei Federn fliegen gern zusammen. (b.; a. h.)
  Vögel gleichen Gefieders ziehen miteinander. (cz.)
  Die Vögel von einem Gefieder, die fliegen alle zusammen. (b.)
  Jeder Vogel fliegt mit seinem Schwarm. (ill.)
4) Reich und Arm geht nicht zusammen. (E.)
  Wenn du arm bist, mache keinen Reichen zu deinem Freunde. (afr.)

Der Deutsche meint bei entgegengesetzten Reigungen und Liebhabereien philosophisch = phlegmatisch:

Das ist Geschmackssache,

und sagt dann weiter Nichts. Der Toskaner spricht:

Bei den Menschen ist jede Caprice vertreten,
Dem schmecken die Torten, und dem die Pasteten. [1]

Der Holländer hat:

Dem Einen gefällt die Mutter, dem Andern die Tochter: so kommen sie beide an den Mann.

Der Venetianer ist am beredtesten darüber:

Jeder Geschmack ist ein Geschmack.

Der Eine liebt die Rinde, der Andere den Käse. [2]

Der Eine sucht den Bienenstock, der Andere die Bienen.

Der will's hart, und der will's weich.

San Antonio hat sich in ein Schwein vernarrt.

Das scheint wenigstens uns ein schlechter Geschmack zu sein, indessen:

Was für Bartholomäus nicht gut ist, ist gut für Jonas; (neg. engl.)

und:

Hätten sie Alle einen Sinn, liefen sie Alle einen Weg. (h.)

Am Ende, man ist sein eigner Herr in der Welt, wenn auch in hunderttausend Dingen nicht, so doch in Allem, was Gefallen und Mißfallen betrifft. Man mag, was man mag, und man ist, was man ist, und man redet, wie man redet:

---

1) Das gleichfalls toskanische Sprichwort:
   Dem gefällt der Rauch und dem der Braten,
bezieht sich auf den Ehrgeizigen, dem „eitler Ruhm" mehr gilt, als „solide Genüsse."
2) Dem Einen gilt das Bier nicht ohne die Hefe, dem Andern nicht ohne den Schaum. (lett.)

Jeder Vogel hat seinen Gesang. (b.) [1]

Anders schreit die Eule, und anders die Krähe. (lat.)

Jede Blume hat ihre Farbe und ihren Duft. (perf.) [2]

Dieser Verschiedenheit gemäß haben wir natürlich:

Viel Köpfe, viel Sinne. (b.) [3]

So viel Köpfe, so viel Gehirne. (it.) [4]

So viel Menschen (Köpfe), so viel Meinungen. (frz.; a. it.)

Zwei Menschen haben nicht denselben Kummer. (alb.)

Niemand ist auf gleiche Weise toll. (Pat.)

Die fünf Finger sind nicht gleich. (alb.) [5]

Desgleichen haben wir:

So viel Dörfer, so viel Hütten,
So viel Hütten, so viel Sitten; (wal.) [6]

was auf deutsch kurz und bündig als:

1) Jeder Vogel singt, wie ihm der Schnabel gewachsen ist. (mag.; a. b. u. cz.)
Jeder Vogel singt nach seinem Schnabel. (p.)
Jeder Vogel singt seinen Vers. (it.)
2) Jede Blume hat ihren Duft. (tü.)
3) Viel Köpf', viel Sinn', viel Hasen, viel Sprüng'. (Eif.)
Viel Köche, viel Sinne. (b.)
Viel Menschen, viel Meinungen. (engl.)
4) So viel Leute, so viel Sinne. (frz.; a port.)
So viel Menschen, so viel Sinne. (engl.)
So viel Hunde, so viel Arten. (engl)
5) Fünf Finger hat die Hand, und doch ist keiner dem andern gleich. (wal.)
Nicht einmal die Finger der Hand sind einander gleich. (b.)
Der Stern unterscheidet sich vom Stern, und der Mensch vom Menschen. (j.)
Ein Mensch ist viereckig, der andere ist rund, Nichts in der Welt kann sich gleich sein. (m.)
Die Augen des Hasen sind anders, als die der Eule. (ngr.)
6) Dorf und Gewerbe, Haus und Handgriff. (alb.)

Ländlich, sittlich [1]

ausgedrückt wird, und weiter:

So viel Länder, so viel Weisen. (frz.) [2]

Jedem Ort ist seine Sitte eigen. (lat.) [3]

Jedes Land hat sein Gesetz, und jedes Haus seine Gewohn=
heit. (ba.)

Jedes Land
Hat seinen Sand. (d.)

Des Landes Weise ist des Landes Ehre. (h.) [4]

Landesbrauch ist Landesrecht. (d.)

Ziehest du in eine Stadt, so befolge ihre Sitten. (hbr.)

Wärst du in Rom, so lebe nach römischer Weise; wärst du wo
anders, so lebe nach dortiger Art. (lat.) [5]

Heimath, wohin du gehst, Sitte, wie du sie findest. (sic.) [6]

---

1) So manches Land, so manche Weise (Sitte). (d.)
2) So viel Länder, so viel Gewohnheiten. (port.; a. it., frz., engl.)
So viel Städte, so viel Weisen, so viel unerzogne Frauen.
(frz.)
3) Jedes Land hat seine Sitte, (bä.) (frz.: seine Weise; engl.:
seine Gewohnheiten; hb.: seine Moden).
Jedes Land
Hat seinen Tand. (d.)
Jedes Land hat sein Lachen, jedes Getreide seine Spreu. (scho.)
4) Landessitte, Landesehre. (d.)
5) In Rom thu', wie die Leute in Rom thun. (engl.)
6) Wie das Land, so der Gebrauch. (it.)
Wie das Land, so die Sitte, wie der Türke, so die Pistole,
wie der Heilige, so der Weihrauch. (wal.)
Der Mensch soll nicht freudig sein zwischen den Weinenden,
und nicht weinen zwischen den Fröhlichen, nicht wachen
zwischen den Schlafenden, nicht schlafen zwischen den Wa=
chenden. Allgemein gesagt: er möge nicht abweichen von
der Ansicht seiner Umgebung und aller Menschen. (hbr.)
(Eine Lehre, welche sämmtliche Vorschriften über „die Kunst,
mit Menschen umzugehen," in sich faßt, aber nur entweder
von einem vollendeten Heuchler, oder von einem vollende=
ten Christen befolgt werden kann.)

Wo's der Brauch ist, singt man den Pumpernickel in der Kirche, oder: legt man die Kuh in's Bett. (d.) [1]

Des Fremden Sohn Thun macht zornig die Leute; (E.)

darum:

Steckt Euern Finger in die Erde und riecht, in was für einem Lande Ihr seid; (h.)

denn:

Andere Wälder, anderes Wild. (r.) [2]

Trotz dieser Mannichfaltigkeit und trotz der Versicherung des Venetianers:

Die Welt ist schön, weil sie mannichfaltig ist, [3]

sagt das Sprichwort doch zu denen, welche überall Neues anstaunen, mit einer gewissen gutmüthigen Ironie:

Hinter'm Berg wohnen auch Leute. (d.) [4]

's ist ganz wie bei uns. (frz.) [5]

Andere Leute kochen auch mit Wasser, oder: haben auch Hände. (d.)

Auf welchem Wasser man schwimmt, das muß man auch trinken. (r.)

In welchen Kolo du kommst, den tanze auch. (s.) (Der Kolo ist der Rundtanz der Südslaven.)

Wie dir gespielt wird, so tanze. (bulg.)

Wo man lebt, betet man zu den Göttern des Landes. (r.)

1) Wo's Brauch ist, trägt man den Kuhschwanz als Halsband. (d.)
   Wo's Brauch ist, hält der Mann die Spindel, und die Frau die Habe am Pflug. (lett.)
2) Andere Büsche, andere Pilze. (r.)
   Andere Bäume, andere Holzhauer. (lit.)
3) Bunt ist der Specht, aber noch bunter die Welt. (lit.)
4) Hinter der Donau giebt's auch noch Leute. (bulg.)
   Ueber'm Bach wohnen auch Leute. (d.)
5) G'rade wie bei uns zu Land
   Hängt man die Wurst auch an die Wand. (d.)
   Anderswo wird auch Brod gebacken. (plattd.)

Helf Gott mit Gnaden, hier wird auch Seife gesotten. (plattd.) [1]

Wo die Sonne geht, wird Brod gebacken. (r.; a. kro.)

Ueberall stehen die Giebel in die Höhe. (h.)

Ueberall haben die Gänse einen Schnabel. (Pat.) [2]

Ueberall kennt man Geld. (h.)

Zerbrochnes Geschirr in allen Landen. (dä.) [3]

In jedem Lande geht des Morgens die Sonne auf. (engl.) [4]

In andern Landen ißt man auch Brod. (b.) [5]

Darum heißt es sehr schön und sehr wahr:

Alle Land'
Sind des Weisen Vaterland. (b.) [6]

Dem wackern Manne ist die ganze Welt Vaterland. (it.) [7]

Jedes Land ist mir Vaterland, wo ich Güter und Freunde finde. (frz.).

Wo es gut ist, ist die Heimath. (sl.; a. lat.)

Freilich heißt es auf litauisch:

Ueberall ist's gut, aber zu Hause doch noch besser,

indessen sicher ist es doch:

Die Welt ist nirgends mit Bretern vernagelt. (b.) [8]

---

1) Ueberall bäckt man das Brod im Ofen. (b.)
   Ueberall wird Brod mit zwei Rinden gebacken. (cz.)
2) Gänse gehen überall barfuß (d.)
3) Zerbrochne Töpfe giebt's überall. (r.)
4) Ueberall geht die Sonne auf. (b.)
5) Anderwärts ist auch gut Brod essen. (b.)
   Ueberall wird Brod gegessen. (kro.)
6) Dem Weisen ist jedes Land Wohnung. (it.)
   Dem Weisen ist der Wald ein Garten, in welchem er die Erdbeeren findet. (esth.)
   Ein Weiser ist daheim, wohin der Wind ihn weht. (b.)
7) Der Weise hat Vortheil in allen Landen. (b.)
8) Die ganze Welt ist Heimath. (fic.)
   Jede Gegend ist des Menschen Vaterland. (r.)

Was dem Sprichwort und auch uns wohl ebenso ge=
wiß ist:

Adam's Kinder sind Adam gleich. (d.) [1]

Wir sind Alle Söhne Adam's. (m.)

Die Menschen sind immer dieselben. (v.)

Wir sind Alle Menschen. (b.)

Wir sind Alle nur Blut und Fleisch. (kro.) [2]

Alle von gleichem Schädel. (ill.)

Alle sind wir aus demselben Teige. (v.)

Wir Alle sind nur aus Lehm. (r.)

Unser Aller Bruder ist der nasse Lehm. (lit.)

Alle sind wir von einer Haut und einer Wolle. (t.)

Die Menschen sind alle von einem Rocken heruntergesponnen. (v.)

Im Grunde hat die ganze Menschheit rohe Milch getrunken.
  (pers.)

Auch das seidene Hemd umhüllt nur einen nackten Körper. (r.)

Alle waschen wir aus einem Wasser und an einem Stege. (cz.)

Es ist Keiner so groß, daß er sich das Haupt am Himmel zer=
  stieße. (r.) [3]

Ueberall ist die Erde des Herrn. (cz.)
Der Himmel ist uns überall gleich nahe. (d.)
Der Himmel ist sichtbar für Jeden. (lett.)
Man findet den Wirth überall zu Haus. (h.)
1) Wir sind Alle von Adam's Rippe. (it.)
Alle Menschen sind sich gleich, wie die Melonen von Chioggia.
  (v.) (Stadt im Venetianischen, woher viele Gemüse nach
  Venedig kommen.)
2) Alle sind wir von Fleisch. (v.)
Jeder hat ein Hemd von Menschenfleisch. (b.)
3) Der König wird auch geblendet, wenn er in die Sonne blickt.
  (lett.)
Auch die Ceder ist nur ein Baum. (r.)
Auch die höchste Eiche wächst nicht über ihren Gipfel hinaus.
  (lett.)

Endlich, wenn wir auch nicht mit dem Venetianer sagen möchten:

Diese Welt ist ein Käfich für Narren,

so müssen wir doch mit dem deutschen Sprichwort be= kennen:

Jeder hat seinen Splitter. [1]

Der Engländer drückt das so aus:

Jeder hat einen Narren in seinem Aermel, [2]

worauf sich die Redensarten des Holländers beziehen:

Er kann den Narren nicht im Aermel halten,

und:

Er läßt den Narren (Affen) aus dem Aermel springen.

Der Italiäner docirt:

Nie war Mehl ohne Kleie, noch Nuß ohne Rinde, noch Korn ohne Stroh, noch ein Mensch ohne Fehl. [3]

Der Deutsche fügt hinzu:

Jeder trägt seinen Schalk im Busen.

---

1) Jeder hat seine Schelle, oder seinen Wurm (Zwickel). (d.)
Jeder hat seine Pferde (nämlich Steckenpferde). (r.)
Jeder führt seine Ziege. (tro.)
    Kein weiser Mann ward je genannt,
    Bei dem man nicht eine Thorheit fand. (d.)
Jeder Mensch hat seine Schwachheit. (engl.)
Vollkommen giebt es Keinen. (m.)
2) Jeder muß ein Paar Narrenschuh zerreißen; (d.)
ja, selbst:
    Jeder Gelehrte hat seinen Schiefer. (d.)
3) Auf Erden lebt kein Menschenkind,
An dem man nicht ein' Mangel find't. (d.)
Kein Lebendiger ohne Laster. (frz.)
Der ist leblos, der fehlerlos ist. (engl.)
Leblos, fehlerlos. (scho.)
Es ist kein Mann, er hat 'nen Wolfszahn. (d.)

Denn:

Niemand ist ohne Aber. (cz.) [1]

Niemand ist ganz golden. (b.)

Jede Bohne hat ihr Schwarzes. (engl.)

Jeder Wein hat seine Hefe. (frz.)

Jedes Holz hat seinen Knoten. (it.) [2]

Jeder Busch hat seinen Schatten. (ba.)

Kein Korn ohne Spreu. (lett.) [3]

Kein Fleisch ohne Knochen. (parm.)

Es ist kein Granatapfel so schön, er hat ein bös Kernlein. (b.)

Brunnenwasser hat seine Unreinigkeiten, Regenwasser hat sie auch. (neg. engl.)

Endlich:

Sünde und Noth — auf wen lauert sie nicht? (r.)

Ja, die Noth so gut wie die Sünde:

> **Es giebt kein Häuslein,**
> **Es hat sein Kreuzlein.** (b.) [4]

Es giebt keinen Menschen ohne Fehl. (j.)
Viele ohne Strafe, Keiner ohne Sünde. (engl.)
1) Kein Mensch ist ohn' ein Aber. (b.)
 Kein Mensch ist eine Kirchenthür. (wal.)
 Kein Ei, das nicht schwappte. (it.)
2) Kein Baum, der nicht einen dürren Ast hätte. (ba.)
3) Kein Getreidehaufen, in dem nicht Spreu wäre. (ba.)
 Jedes Mehl hat Kleie. (it.)
 Jedes Getreidekorn hat sein Stroh. (Pic.)
4) Jedes Haus hat sein Kreuz. (b.)
 Jedes Altärchen hat sein Kreuzchen. (ill.)
> So groß und so klein ist keine Thür,
> Es steht ein Kreuz dafür. (Eif.)
Jede Thür hat ihren Klopfer. (r.)
> Jedes Dach
> Hat sein Ungemach. (Hrz.)
Jede Stube hat Mücken. (neg. frz.)

Alle haben ihr Kreuz. (v.)

Jeder Mensch hat seine Plage. (b.) [1])

Jeder hat seine Berge (zu übersteigen). (olf.)

Jeder Esel hat seine Ladung. (perf.)

Jeder hat seinen Feind. (h.)

Jeder hat seinen eignen Teufel. (b.)

Wo auch immer ein Mensch wohne, kann er sicher sein, einen
Dornbusch vor seiner Thür zu haben. (engl.) [2])

Wo Fußstapfen sind, da ist auch Noth. (lit.)

Damit wird des Menschen unvermeidliches Schicksal an=
gedeutet, denn obgleich das Sprichwort auf venetianisch
sagt:

Wer das Schicksal bekennt, läugnet Gott,

so ist es doch zu sehr aus dem Volke, ja, man darf es
wohl sagen: zu sehr aus der Menschheit, um an das
Schicksal, welches wir, einen Ausdruck von unsern mo=
dernen deutschen Mystikern entlehnend, die Macht des
Zwischenreiches nennen möchten, in gewissen dunklen
Stunden nicht fürchtend und ahnungsvoll zu glauben.

Darum sagt es:

Ungeschehen mag noch geschehen. (b.) [3])

—

1) Jeder trägt sein Kreuz. (it.)
Jeder trägt sein Päcklein. (b.)
Wir haben Alle das Unsrige. (v.)
Jedem wird seine Bürde schwer. (b.)
Jeder Mensch muß eine Metze Asche essen, bevor er stirbt. (engl.)
Lange Zähne und kurze Zähne essen die gleiche (Speise). (afr.)
Dem Einen fehlt das Wasser zum Trinken, dem Andern die
Brücke zum Uebergehen. (tat.)
2) Jeder hat seinen Teufel vor der Thür. (b.)
3) So lange der Mensch Zähne im Munde hat, weiß er nicht,
was ihm geschehen kann. (v.)

Was gewesen ist, kann wiederkommen. (b.) [1]

Was keimen soll, das keimt, was nicht fortkommen soll, kommt nicht fort. (lett.)

Was sein soll,
Das schickt sich wohl. (b.) [2]

Es ist noch ebenso guter Fisch in der See, wie herausgekommen ist. (engl.)

Es ist alle Tage der dritte Theil der Welt feil. (b.)

Neuer Tag, neues Schicksal. (alb.)

Eine Thür wird geschlossen, aber hundert öffnen sich. (pers.) [3]

Fällt eine Blume ab, entstehen fünf andere. (cz.)

Geht ein Licht aus, wird eine Fackel angezündet. (b.; a. v.)

Die Wunder keimen, ohne gesäet zu werden. (v.) [4]

1) Alles was gewesen ist, kann wiederkommen. (Hlg.)
   Auch früher sind Helden in Noth gekommen. (ill.)
   Es war gut, aber 's ist lange her, und es wird wieder gut werden, aber lange warten. (r.)
   Dagewesen war dagewesen, ehe Dagewesen kam. (neg. engl.)
   Was das Fallwasser (die Ebbe) mitnimmt, bringt die Flut zurück. (neg. engl.)
2) Was geschehen soll,
   Das fügt sich wohl. (b.)
3) Wo eine Thür sich schließt, geht eine andere auf. (sp.; g. ä. v.)
   Gott schließt keine Thür, ohne daß er nicht ein Thor aufthäte. (v.)
   Gott schließt eine Thür und öffnet hundert. (s.)
   Gott läßt nicht Aehren und Halme zugleich mißrathen. (r.)
   Lässet Gott den Hanf mißrathen,
   Segnet er das Land mit Flachse. (fin.)
   Gott läßt nicht zu gleicher Zeit den Lachsfang und den Brickenfang mißrathen. (r.)
   Wo Gott den Bäumen das Obst verringert, da vermehrt er den Sträuchern die Beeren. (r.)
   Welcher Wiese Gott den Regen minbert, der doppelt er den Thau. (klr.)
4) Ein eigenthümlich orakelhafter Spruch ist der venetianische:
   Die Frühe ist die Mutter der Geschicke.

Alles ist möglich. (v.) [1]

Vielleicht kann gerade dieses Ei Federn und Schwingen bekommen und ein Phönix werden. (perf.)

Ermuthigend redet das Sprichwort weiter:

Unverhofft
Kommt oft. (b.)

Ein Tag verleiht, was das ganze Jahr verweigert. (b.)

Das Stündlein bringt oft, was Jahre nicht bringen. (b.) [2]

> Im Augenblick kann sich begeben,
> Was Niemand je gedacht im Leben. (b.)

In einem Augenblick geschieht, was in einem Jahre nicht geschehen ist. (ba.; a. it. u. frz.) [3]

Oft liegt der Hase in der Grube, wo's Niemand erwartete. (s.) [4]

Man fängt die besten Aale da, wo man sie nicht erwartet. (r.)

Jeder Mensch hat seine Stunde. (b.) [5]

Der Holländer nennt das:

Zur guten Stunde,

und sagt von einem Menschen, der sie eben hat:

---

1) Das glaubt der Deutsche durchaus nicht. Spottend sagt er:
Alles ist möglich, aber es regnet kein Geld,
und:
Unmögliche Dinge verbieten sich selber.
2) In einer Stunde geschieht, was in sieben Jahren nicht kommt. (engl.)
3) In einem Augenblicke geschieht, was in hundert Jahren nicht vorfällt. (it.)
4) Wenn man es am wenigsten erwartet, springt der Hase aus dem Graben. (h.)
5) Jeder Hund hat seinen Tag, und jeder Mensch hat seine Stunde. (engl.)
Jeder Teufel regiert in seinem Monat. (h.)

's ist jetzt seine Ernte,

auch wohl:

Das Eisen ist im Feuer.

Bedenklich äußert das Sprichwort:

Es ist noch nicht aller Tage Abend.

(d.) [1])

Die Sonne scheint noch über'n Zaun. (sp.)

Der letzte Tag ist noch nicht vorüber. (frz.) [2])

Es ist noch nicht in dem Fasse, wo es gähren soll. (d.)

Es ist noch kein Brod drauf gebacken. (plattd.)

Zwischen jetzt und dem künftigen Jahre werden noch viel helle und trübe Tage kommen. (da.)

Zu denen, welche bestimmt aussprechen, was sie von der Zukunft erwarten, sagt das Sprichwort:

Es werden noch viele Räder umlaufen, eh' es geschieht, (d.)

und:

Eh' das geschieht, wird noch viel Wasser unter den Brücken durchlaufen. (frz.) [3])

----

1) Es ist noch nicht Abend in Prato. (t.)
   Der Tag ist noch nicht zum Abend geworden. (esth.)
2) Noch sind alle Tage nicht vorüber. (cz.)
   Das Rasenende hast du wohl angefaßt (gesehen), aber noch nicht das Lebensende. (esth.)
   Du hast noch nicht dein letztes Hemd an. (d. r.)
3) Es wird indessen noch viel Wasser aus dem Main in den Rhein laufen. (d.)

Tag für Tag, auch der Georgentag wird kommen, aber es sind noch viele Sonntage, sagte das alte Weib. (s.) [1])

Der Brüllaffe sagt: wenn er nicht sterbe, werde er Neujahr feiern. (neg. engl.)

Noch ernster fährt das Sprichwort fort:

Einer sorgt oft für den Tag, den er nicht erlebt; (plattd.) [2])

denn:

Wer weiß, wo Hans ist, wenn's Gras wächst! (b.)

Dann blickt das Sprichwort, wie es über das Jahr hinausgesehen, über den Winter hinaus:

Mit dem Frühjahr wird sich's zeigen. (r.)

Sind's Rosen, werden sie blüh'n. (piem.; ebenso Itr.) [3])

Und endlich schaut es auf den Tagesschluß zurück, und meint:

Wer weiß, was der Abend bringt? (b.) [4])

---

1) Die Hosen werden kommen, aber ich weiß nicht, wann. (s.)
   Das Glück wird kommen, aber lange warten. (r.)
2) Du solltest nicht heute den Kummer leiden, der dem morgigen Tage angehört. (pers.)
   Des Tages Noth ist genug für den Tag. (engl.)
   Der morgige Tag bringt sein Brod mit sich. (Pic.)
   Aengstige dich nicht über Leiden von morgen, denn du weißt nicht, was das Heute erzeugt; vielleicht findet dich das Morgen nicht, und so hast du dich geängstigt über eine Welt, die nicht dir gehört. (bbr.)
   Alle zwanzig Jahre eine neue Welt. (v.)
   Alle Jahre läßt Gott eine neue Welt werden. (v.)
3) Ist's eine Rose, wird sie blüh'n,
   Ist es ein Dorn, so wird er stechen. (t.)
4) Du weißt nicht, was der Abend mit sich bringt. (cz.)
   Laßt uns sehen, was hinter dem Vorhang der Zukunft hervorkommen wird. (pers.)
   Was das Zukünftige betrifft, so kann selbst ein Vogel mit einem langen Hals es nicht sehen, sondern Gott allein. (afr.)
   Laßt uns inzwischen sehen, was der Wille Gottes ist. (pers.)

Wer hat Morgen gesehen? (perf.) [1]

unb:

Du siehst für heute, aber nicht für morgen. (neg. engl.)

Denn:

Oft weint am Abend, wer am Morgen lacht. (f.) [2]

Zeit und Glück ändern sich oft in wenigen Stunden, und oft lacht am Morgen, wer am Abend weint und seufzt. (ba.)

Wer Freitags lacht, weint Sonntags. (r.; a. engl.) [3]

Ueberhaupt:

Auf das Lachen folgt das Weinen. (v.) [4]

Wer viel lacht, weint viel. (tü.)

Süß getrunken, sauer bezahlt. (b.) [5]

Wer vorher ißt, sieht nachher zu. (alb.)

Wer 's feine Brod vorißt, muß das grobe nachessen. (b.)

Hintennach kommt Dünnbier. (bä.; a. hlst.)

Wie könnte man voraussehen, was durch den Willen des Königs oder die Erlaubniß der Götter geschieht? (ta.)

Gott weiß was geschieht von jetzt bis dahin. (it.)

1) Niemand weiß, was der Morgen bringt. (b.)

Wer weiß, was der morgige Tag bringt? (alb.)

unb:

Wir sind Menschen, wir erleben den Abend, aber nicht den Morgen. (alb.)

Noch vor Tagesanbruch bringt der Hund sieben Junge zur Welt. (neg. engl.)

2) Wer am Morgen lacht, weint des Abends. (engl.)

Oft ändert es sich binnen weniger Stunden: Mancher lacht am Morgen, der am Abend weint. (frz.)

3) Mancher, der am Sonnabend lacht, wird am Sonntag weinen. (frz.)

4) Weinen kommt von Lachen. (esth.)

Wer zuletzt lacht, lacht am besten. (b.)

Gut wird lachen, der zuletzt lacht. (frz.)

Besser das letzte Lächeln, als das erste Lachen. (engl.)

5) Auf süße Speise folgt saure Brühe. (engl.)

Keine Flut, die nicht ihre Ebbe hätte. (ba.) [1]

Aufwärts hat auch abwärts. (alb.)

Jeder Frühling hat einen Herbst. (engl.; g. ä. pers.)

Dann: wie unversehens kommt das Schicksal und ent=
reißt uns, was wir schon ganz unser eigen meinten!

Von der Hand zum Mund verschüttet Mancher die
Suppe. (b.; g. ä. frz.) [2]

Zwischen dem Löffel und dem Munde giebt's oft große Stö=
rung. (frz.)

Zwischen Saatkorn und Erntekorn kann sich Manches ereig=
nen. (r.)

Eingegossener Wein ist noch nicht getrunken. (frz.) [3]

Der Bissen gilt erst, wenn er im Munde ist. (r.)

Es stirbt manche Braut, ehe sie der Bräutigam zur Kirche
führt. (b.) [4]

So viel Blüten blühen, alle reifen sie nicht, (d. h. alle setzen
sie nicht Frucht an). (alb.)

Aus heiterm Himmel schlug der Blitz. (cz.)

---

1) Flut muß Ebbe haben. (engl.)
Wer die Höhe hinaufsteigt, der sieht einen Abhang. (alb.)
Wo die großen Berge sind, sind die tiefen Thäler. (it.; g. ä. b.)
In dieser Welt giebt's einen Herbst auf jede Zeit des Ver=
gnügens. (pers.)
Die Sonne, hier aufgegangen, geht dort unter. (neg. frz.)
2) Von der Schale bis zur Lippe kann es tausend Unglücksfälle
geben. (agr.)
Eh' man den Löffel zum Munde bringt, kann sich viel be=
geben. (b.)
3) Es geschehen viele Dinge zwischen der Schale und der Lippe,
(engl.) (frz.: zwischen dem Munde und dem Glase).
4) Der Russe sagt:
Nenne die Braut erst dein, wenn sie den Becher mit Wer=
muth getrunken hat, (den nämlich, welchen der Pope am
Hochzeitstage der Braut reicht, damit sie aus ihm symbo=
lisch die Bitterkeit der Ehe trinken lerne).

In gleichem Sinne heißt es auf deutsch:

Der hinkende Bote kommt hinterbrein,

ober:

Die Hiobspost kommt nach,

und französisch:

Man muß den Hinkenden abwarten.

Und wenn's noch blos „der Hinkende" wäre! Wenn
wir nicht die angenehme Versicherung hätten:

> Böses kommt geritten,
> Geht aber weg mit Schritten. (b.) [1]

Das Unglück kommt auf einen Handwink, man treibt es mit
Prügeln nicht fort. (lett.)

Die Uebel kommen fuberweis und gehen lothweis. (it.) [2]

Haar und Unglück wachsen über Nacht. (b.)

Unglück und Haar wachsen alle Tage. (bä.) [3]

> Schnell in Flammen steht ein Haus,
> Aber langsam löscht man's aus. (b.)

Entgehen kann man dem Allerlei der Uebel auch nicht:

Wer das Uebel flieht, den verfolgt es. (b.) [4]

---

1) Das Unglück kommt rasch und geht zu Fuß wieder fort. (fro.)
Krankheit kommt zu Pferde und geht zu Fuß wieder fort.
(plattd.; g. ä. engl., frz. u. neg. engl.)
Krankheit kommt mit Extrapost und schleicht hinweg wie die
Schnecken. (b.)
Die Krankheit kommt zu Wagen und zieht durch's Nadelöhr
wieder weg. (wal.)
2) Die Uebel kommen pfundweis und gehen lothweis. (engl.;
a. it.)
3) Unglück, Holz und Haar wachsen über Nacht, oder: alle
Tage. (b.)
Haar und Schaden wachsen alle Tage. (b.)
4) Den Fliehenden erreicht die Kugel eher, als den Kämpfenden.
(bulg.)

Wer die Furcht mitnimmt, den begleitet die Gefahr. (bulg.)

Was Einer scheut, das muß er haben. (b.)

Ich habe die Gurke gehaßt, und sie ist mir auf der Schulter gewachsen. (sp.)

Was man fürchtet, trifft eher zu, als was man hofft. (r.)¹)

Ebenso wenig hilft zur Sicherheit eine hohe Stellung.

Im Gegentheil:

Hoher Baum fängt viel Wind. (b.; g. ä. h.)²)

Große Winde wehen auf hohen Bergen. (engl.)

Auf hohe Berge (Häuser) fallen gern die Blitze. (p.)³)

So groß wie das Meer, so groß ist auch der Sturm. (t.)

In der Welt ist's wie im Bade: je höher Einer sitzt, je mehr er schwitzt. (In den Dampfbadstuben nämlich.) (p.)

---

1) Die Ziege fürchtet die Küche, und doch wird sie in der Küche sterben, oder: gekocht werden. (neg. engl.)
Wer die Pest fürchtet, ist vor ihr nicht sicher. (r.)
2) Im Rohr braucht man sich nicht zu fürchten, wenn der Wind die Eiche entwurzelt. (p.)
Große Bäume wachsen lange, aber sie fallen dann auf ein Mal. (s.)
Wer auf der Erde sitzt, fürchtet sich nicht vor dem Fall. (cz.)
Wer auf der Ebene fällt, steht leicht wieder auf. (p.)
Auf niedrigem Esel ist bequem reiten. (tü.)
Die Fliege fürchtet sich nicht vor dem Knüttel. (r.)
Der Sturm schadet den Stoppeln weniger, als dem Getreide. (r.)
Wenn der Wind weht, zittert die Espe mehr, als das Gras,
und:
Der Birkenpilz ist sicherer vor dem Blitz, als der Birkenbaum. (r.)
Besser niedrig leben, als hoch sterben. (b.)
Lieber in der Bauernstube sitzen, als in der Herrengruft liegen. (lett.)
Besser mit den Eulen gesessen, als mit den Falken geflogen. (h.)
3) Wer in hohen Thürmen wohnt, fürchtet sich vor dem Donner des Himmels. (ill.)

Je größer das Haupt, je stärker der Kopfschmerz. (s.) [1]

Der Große Großes leidend. (alb.)

Es ist sogar je höher, je gefährlicher:

Je höher der Baum, je schwerer der Fall. (b.; a. engl.) [2]

Wenn die Schlösser stürzen, giebt's einen harten Fall. (r.)

Je höher Einer steigt, je tiefer er fällt. (cz.) [3]

Wenn man zu hoch geht, kann man einen häßlichen Sprung machen. (b.)

Wer hoch fliegt, fällt tief. (flr.) [4]

Die Art trifft die höchsten Zweige. (pers.) [5]

Auf hohe Flut folgt tiefe Ebbe. (plattd.) [6]

Je höher die Welle steigt, je tiefer muß sie fallen. (lett.)

Je höher der Berg, je tiefer das Thal. (engl.; a. b.)

Daher hat das Sprichwort sicher Recht mit seiner Warnung:

Man soll den Tag nicht vor dem Abend loben. (b.) [7]

---

1) Je größer die Würde,
   Je größer die Bürde. (b.)
   Das große Buch bringt den Pfarrer um. (neg. engl.)
2) Die höchsten Bäume haben die größte Unruhe von den Winden, und:
   Je höher, je schlimmer der Fall. (cz.)
   Der höchste Standpunkt, der tiefere Fall. (engl.)
3) Hohe Steiger fallen tief. (b.)
   Wer zu hoch steigt, fällt um so tiefer. (it.; noch mehrere g. ä.)
   Wer steigt, kann fallen. (frz.; g. ä. cz.)
   Steig' nicht zu hoch! (engl.)
4) Wer dem Glück zu hoch nachfliegt, kann leicht in die Tiefe stürzen. (r.)
5) Die höchsten Berge tragen die schwersten Donnerschläge. (s.)
6) Die höchste Flut hat stets die tiefste Ebbe. (engl.)
7) Nicht lobe den schönen Tag vor dem Abend. (it.)
   Lobe den Tag nicht beim Aufgang der Sonne, oder: vor dem Abend. (cz.)

Bete ein Gebet, ehe du prahlſt. (r.)

Es taugt Nichts, eine Furt zu rühmen, bevor man darüber
iſt. (engl.)

Du ſollſt das Haus nicht rühmen, bevor du darin zu Gaſte
geweſen biſt. (r.)

Rühme den Markt nicht, bevor er gehalten iſt. (d.)

Sprich nie von einem Baume, bevor du geſehen, was für
Frucht er bringt. (frz.)

Lobe den Flachs nicht, bevor das Leinen gewebt iſt. (r.)

Nicht Triumphruf vor der Schlacht. (p.) [1]

Rühme und prahle nicht eher, als bis du über das Flüßchen
(den Sumpf) biſt. (eſth.)

Rufe nicht Juch! bevor du über den Graben biſt. (d.) [2]

Lobe den Monat nicht beim Anfang (den Mond nicht beim
Aufgehen). (cz.)
Auch ſonſt wird vor allzu zeitigem Loben gewarnt:
Man kann kein Kalb loben, ehe es ein Jahr alt iſt. (Eif.)
Lobe die junge Frau nicht, die du noch nicht überwintert haſt:
wenn du ſie über einen Winter ernährt haſt, dann kannſt
du ſie loben. (lit.)
Ein Pferd lobe erſt nach einem Monat, die Frau nach einem
Jahre. (cz.)
Sowie man den Topf lobt, zerbricht er. (eſth.)
1) Man muß nicht Triumph vor dem Siege ſingen. (frz.: a. it.)
Singe nicht Victoria, bevor der Sieg nicht erfochten iſt. (d.)
2) Er ſchreit: Juchhe! eh' er über den Graben kommt. (d.)
Hopp! hinter dem Graben,
und:
Jauchze nicht! du biſt noch nicht darüber geſprungen. (cz.)
Rufe nicht: Hopp! bevor du darüber ſpringſt. (p.; a. g.,
flr., kro.)
Man muß niemals Hüh! ſagen, bevor man nicht über den
Bach iſt. (Pat.; g. ä. Eif.)
Frohlocke nicht, bevor du im Hafen biſt, denn du kannſt auch
an der Mole noch Schiffbruch leiden. (r.)
Land ſehen, heißt noch nicht im Hafen ſein. (lett.)
Wenn der Schiffer: Land! ruft, ſollſt du noch nicht vom Schiff
ſteigen. (r.)

Sprich nicht: Hui! eh' du über den Berg kommst. (b.)

Schrei' nicht: Juchhe! bis du über den Zaun bist. (b.)

Man soll der Hunde nicht spotten, bevor man nicht aus dem Dorfe ist. (frz.)

So lange Ihr noch nicht über den Fluß seid, müßt Ihr dem Kaiman (oder: Kaimans Mama) nicht fluchen. (neg. engl.)

Spotte über das Meer, aber nicht, wenn du im Schiffe bist. (r.)

Sage nichts Böses vom Jahr, bevor es nicht vorüber. (port.)

Endlich kommt die umfassendste und ernstlichste Verwarnung:

Man soll Keinen vor seinem Tode glücklich preisen! (b.) [1])

denn:

Keiner ist vor seinem Tode glücklich. (lat.)

Erst:

Der Abend lobt den Tag, und das Ende das Leben. (it.)

Der Abend krönt den Tag. (engl.)

Der Abend zeigt, wie der Tag gewesen. (r.)

Darum sagt der Engländer:

Einen schönen Tag lobe Abends;

der Spanier:

Am Ende lobe das Leben, und am Abend lobe den Tag; (It. in Petrarca.)

der Sardinier:

„Gottlob hier!" sagte der Schiffer und war noch drei Meilen vom Lande. (b.)

„Gottlob hier!" hat der Schiffer gesagt, als er wieder mitten auf der See war. (plattd.)

[1]) Kein Mensch kann vor seinem Tode glücklich genannt werden. (engl.)

Am Ende werden die Hallelujah's gesungen;
der Benetianer:

Am Ende des Psalmes singt man das Gloria;
und der Deutsche:

Ende gut, Alles gut. ¹)

Damit man das sagen könne, räth das Sprichwort
ernstlich, das Schicksal zu lassen, wo es ist. Wie früher
an die Wetterbeschwörungen geglaubt wurde, so glaubt
das Sprichwort noch immer an die Schicksalsbeschwö=
rungen. Wie in der Region der Lawinen vor einem
lauten Ruf gewarnt wird, weil ein solcher die Luft, und
diese wiederum die Lawine erschüttern könne, daß sie
herabrolle und den unvorsichtigen Rufer begrabe, so
warnt das Sprichwort vor dem Aussprechen böser Ah=
nungen, vor dem Reden über mögliche Unglücksfälle.
Denn, sagt es:

Man mummelt so lange von einem Ding, bis daß es geschieht.
(b.)

Besprochene Sache ist unterweges. (it.)
Man ruft so lange Fastelabend, daß die Faste kommt. (plattd.)
Man ruft so lange Ostern, bis es ein Mal kommt. (h.)
Man läutet die Messe so lange ein, bis daß sie kommt,

------

1) Alles ist gut, was gut endet. (engl.)

und:

Man spricht so lange von der Kirmeß, bis sie kommt. (b.) [1]

Man hat so lange Weihnachten gesungen, bis sie endlich gekommen sind. (frz.)

Sage nichts Schlimmes vorher, es könnte an dir wahr werden. (perf.)

Zu Repräsentanten des Schlimmen hat das Sprichwort sich hauptsächlich den Wolf und den Teufel ausgesucht.

Wenn man vom Wolfe spricht, ist er nicht weit. (b.) [2]

Man schreit niemals: der Wolf! ohne daß er in der Gegend sei. (it.)

Sprecht vom Teufel, und er kommt oder schickt. (engl.) [3]

Spricht man vom Teufel, so sieht man sein Fell. (b.; a. ba.)

Wenn man von dem Wolfe redet, so guckt er über die Hecke; (b.)

und:

Wenn's kein Wolf ist, so wird's ein grauer Hund sein. (parm.)

Wenn man an den Wolf denkt, so naht er. (lett.)

Wo man des Teufels gedenkt, da will er sein. (b.) [4]

— — —

1) Man beiert, bis es endlich Kirmeß wird. (b.) (Beiern, d. i. Läuten, indem bekanntlich die Kirmeß stets durch längeres Läuten mit allen Glocken verkündet wird.)
Man ruft so lange Pasch, bis ein Pasch kommt. (b.)
2) Wenn man vom Wolfe schwatzt, sieht man den Schwanz. (wstph.)
Wenn man vom Teufel spricht, ist er nicht weit. (bä.)
Der Teufel ist uns niemals näher, als wenn wir von ihm reden. (engl.)
Wenn man vom Teufel spricht, so ist er in der Nähe, oder möchte doch gern da sein. (b.)
Er wird ein Wörtchen sagen, und der Wolf ist nicht weit. (r.)
3) Sprecht vom Teufel, und seine Gehülfen erscheinen. (engl.)
Wenn man den Wolf nennt,
So kommt er gerennt. (b.)
4) Er denkt des Wolfes, und der Wolf ist an der Thür. (cz.)

Eine Erwähnung des Wolfes, und der Wolf aus dem Busch.
(kro.)

Wir (reden) vom Wolf, und der Wolf (ist) hinter der Scheuer.
(cz.)

Der Wolf erwähnt, und der Wolf in der Hürde. (klr.)

Wer den Wolf im Munde hat, der hat ihn auf dem Rücken. (it.)

Zu denen, welche über mögliche Unglücksfälle jammern, als fielen diese bereits auf sie nieder, — es ist das eine ganze Klasse von Menschen, in der besonders das weibliche Geschlecht zahlreich vertreten ist, — zu diesen Vorherklagern sagt das Sprichwort auf englisch:

Hinkt nicht, bevor Ihr lahm seid;

oder:

Steigt nicht über den Zaun, bevor Ihr daran kommt;

und auf türkisch:

Bevor Ihr die See erblickt, stemmt Euch nicht mit den Beinen.

Um einen solchen Pränumerandoschreier zu bezeichnen, hat es besonders viel persische Sprüche:

Das Leder klagt, ehe die Ratte es angreift.

Er zog seine Stiefeln aus, bevor er an den Fluß kam.

Er schreit, bevor er getroffen wird.

Er ruft um Gnade, ehe man ihn schlägt.

In Frankreich wird erzählt, daß ein junger Schüler, Languille, zu Melun in einem Mysterium den heiligen Bartholomäus vorstellte, dessen Martyrium bekanntlich im Geschundenwerden bestand. Als der Henker sich mit

---

Wir (reden) vom Hunde, und der Hund (ist) an der Thür. (j.)
Sprecht Ihr vom Hunde, nehmt einen Stock in die Hand.
(pers.)

dem Meſſer näherte, um die Operation zu beginnen, vergaß der Junge, daß die Sache nur Komödie war, und fing in allem Ernſt fürchterlich an zu ſchreien, wes= halb man noch jetzt das ſeines Wortſpiels wegen unüber= ſetzbare Sprichwort hat:

Il est comme Languille (l'anguille) de Melun, il crie avant qu'on l'écorche.

In Spanien iſt die Rolle des „Aals von Melun" dem „Hunde von Juan von Ateca" zugefallen. Zu den letz= ten ſchlagendſten Warnungsexempeln, welche das Sprich= wort braucht, müſſen dann wieder Teufel und Wolf heran.

Man ſoll den Teufel nicht an die Wand malen. (d.) [1]

Oeffne nicht den Mund wider den Satan. (hbr.)

Den Teufel darf man nicht rufen, er kommt wohl von ſelbſt. (d.) [2]

Ruf' den Wolf nicht aus dem Holze. (cz.)

Mit den Worten:

Unglück kommt ungerufen. (d.)

ſagt das Sprichwort eigentlich erſt, was es bis dahin nur bildlich andeutete. Und um es zu bekräftigen, fehlt es ihm nicht an Sprüchen:

Unglück kommt ungebeten. (bä)

---

[1] Man ſoll den Teufel nicht über die Thür malen. (d.)
 Schreib' den Teufel nicht an die Wand, er malt ſich ſelbſt hin. (cz.)
 Male den Teufel nicht an die Wand, er kommt wohl unge= rufen. (d.)

[2] Man darf den Teufel nicht zu Gevatter bitten. (d.)
 Führe den Bock nicht in den Garten, er wird ſelbſt hinein= ſteigen. (lit.)

Dem Unglück braucht man nicht zu pfeifen, es kommt von selbst. (lett.) [1]

Leib kommt, ohne daß man danach sendet. (engl.) [2]

Unglück hat ein scharf Gehör. (b.)

Das Unglück geht nicht auf den Bergen, sondern unter den Leuten, (cz.) (r. u. p.: nicht im Walde).

Nach Unglück braucht Keiner viel zu gehen. (b.)

Wer Trübsal sucht, dem fehlt sie niemals. (engl.) [3]

Das Unglück läßt sich eher erwinken, als das Glück errufen. (r.)

Und nicht nur ein Unglück kommt ungerufen:

Unglück kommt selten allein. (b.; g. ä. engl., cz., ill.) [4]

---

1) Das Unglück braucht man nicht zu rufen, es kommt von selbst. (cz.)
Wer nach einem Wolfe ruft, dem kommt eine ganze Heerde herbeigerannt. (bulg.)
2) Man darf dem Unglück keinen Boten senden, es kommt wohl selbst. (b.)
Das Glück wirst du selbst mit der Zange nicht herbeiziehen, und das Unglück kommt von selber. (lit.)
3) Wer nach Unglück ringt, dem begegnet es. (b.)
In Tyrol, namentlich im Unterinnthal, wird „'s Unglück" persönlich gedacht, nämlich als tückischer Schachtgeist, und der deutsche Spruch:
Das Unglück kommt über Nacht,
auf sein Erscheinen angewandt. Man sagt auch:
Z' Nacht
's Unglück wacht,
und bei ungebührlichen Reden, die Einer führt:
Still! 's Unglück steht vor'm Haus!
sowie zu Kindern warnend:
Kinder, Kinder, bleibt's fein zu Haus,
's Unglück paßt beim Thür'l b'raus.
4) Unglück kommt nie allein. (frz.)
Kein Unglück allein. (lat.)
Ein Unglück und ein Franziskaner sind selten allein auf einer Straße. (frz.) (Aus der Zeit, wo die Franziskaner noch fleißig sammeln gingen.)

Ein Unglück kommt auf dem Nacken eines andern, oder: fällt einem andern auf den Nacken. (engl.) [1]

Die Unglücksfälle sind wie die Kirschen: eine zieht die andere nach sich. (it.) [2]

Wo Trauer im Haus ist, da steht Trübsal vor der Thür. (b.)[3]

Der Spanier sagt gleich dem Basken:

Willkommen, Unglück, wenn du allein kommst! [4]

aber daß er nicht an dieses Alleinkommen glaubt, bezeigt sein Spruch:

Wohin gehst du, Schmerz? — Wohin ich (zu gehen) pflege.

Nur ist das Gute: wie das Unglück gekommen ist, so kann auch das Glück kommen:

Glück und Unglück wandern auf einem Steig. (b.)

Glück und Unglück tragen einander auf dem Rücken, oder: Huckepack. (b.)

Glück und Unglück sind sich Nachbarn. (cz.) [5]

Die Unglücksfälle sind immer in Paaren. (it.)
Jeder Kummer zugleich mit einem andern. (ill.)
1) Ein Unglück tritt dem andern auf die Fersen. (b.)
Ein Unglück bringt das andere, oder: seinen Bruder. (frz.)
Ein Unglück am Ende eines andern. (lett.)
Ein Unglück verfolgt das andere. (cz.)
Ein Verdruß bringt viele andere. (oschl.)
2) Ein Abgrund ruft den andern. (frz.)
3) Nach Verlieren verliert man erst recht. (frz.)
4) Ein Unglück kein Unglück. (b.)
Ein Unglück ist ein großes Glück. (r.)
5) Glück und Unglück sind zwei Nachbarn, oder: zwei Eimer im Galgenbrunnen. (b.)
Glück und Unglück wohnen auf einem Hofe. (r.)
Gewinn und Verlust fahren auf einem Schlitten, oder: leben auf einem Hofe. (r.)

So haben wir alſo jetzt das Glück, den ſchönen Dämon, die ſpielende Göttin, das Kind des Zufalls und der Laune. Was das Sprichwort von dem nicht Alles weiß! Logik freilich darf man dabei nicht fordern, das Sprichwort redet vom Glück in lauter Widerſprüchen. Indeſſen das Glück iſt ja ſelbſt der Widerſpruch in Perſon, und ſo wollen wir das Sprichwort getroſt in Sprüngen von ihm plaudern laſſen.

Glück iſt der Dummen Vormund.

(b.) [1])

Das Glück hilft den Narren und den Kindern. (it.) [2])

Der Narr iſt der Glückliche. (lett.)

Das Glück fürchtet die Klugen. (agr.)

Das Glück ſcheut die Geſellſchaft der Weiſen. (lett.)

Das Glück iſt der Frommen Feind. (b.)

Die Unverſchämten ſind immer glücklich. (v.)

Das iſt die Gleichheit zwiſchen Glück und Unglück. Die Ungleichheit zwiſchen ihnen wird vom Ruſſen ebenfalls mehrfach ausgedrückt:
    Das Glück geht auf Krücken, das Unglück fliegt auf Flügeln.
    Glück zu Pferde, und Unglück unter dem Pferde.
    Der Glückliche ſitzt zu Pferde, der Unglückliche ſchleppt ſich
      zu Fuß.
1) Auch der Narren, und nicht nur ihm wird dieſe Protector-rolle zugetheilt, auch Gott. Wunderlich ſagt der Ruſſe:
    Der Teufel iſt der Bucklichten Vormund.
2) Glück und Weiber haben die Narren lieb, oder: haſſen die
    Weiſen. (b.)
    Dem Narren Glück. (frz.)
    Glückliche Narren brauchen keine Weisheit;
und:
    Die Narren bekommen die Karte. (h.)

Darum wird's wohl mit Recht heißen:

> Wo Glücksfall ist, da ist noch mehr Zufall. (b.) [1]

> Selten kommen großes Glück und Verstand zusammen. (tro.)

Vielleicht ist selbst in vielen Fällen die wenig schmeichel=
hafte Rede wahr:

> Wo wenig Verstand, da ist großes Glück, (b.) [2]

oder gar die:

> Wo Glück ist, ist nicht Verstand. (tro.)

Genug, mag der Russe immerhin sagen:

> Glück ohne Verstand ist Nichts,

die allgemeine Ansicht ist und bleibt:

> Ein Quentlein Glück ist besser, als ein Pfund Weis-
> heit. (b.; a. h.) [3]

> Glück und ein halber Pfennig ist genug Vermögen. (engl.)

> Ein Haar Glück (Gunst) zieht besser, als hundert Paar Och-
> sen. (it.)

---

1) Das Glück ist kugelrund,
    Es trifft wohl manchen Pudelhund. (b.)
2) Wer Glück hat, dem genügt wenig Verstand. (it.)
3) Französisch ebenso, dann, wie italiänisch: mit einem Pfund
Talent. Deutsch noch:
            Ein Quentchen Glück ist besser,
            Als von Weisheit ganze Fässer.
    Ich will lieber einen Tropfen Glück, als eine Tonne Weis-
heit. (it.)
    Eine Hand voll Glück gilt mehr, als ein Sack voll Weis-
heit. (r.)
Nach türkischem Gewicht heißt es:
    Besser eine Drachme Glück, als hundert Okas Verstand. (f.)
    Besser fingerhutweis Glück, als scheffelweis Verstand. (cz.)
    Lieber ein Korn Glück, als eine Eselsladung von Geschick. (pers.)
    Mehr gilt ein Brünkchen Glück, als alles Wissen. (parm.)
Der Analogie in der Fassung wegen folgen zwei englische:
    Ein Pfennig Frohsinn ist ein Pfund Kummer werth;
und:
    Ein Loth Klugheit ist ein Pfund Witz werth.

Beffer glücklich, als weife. (scho.; ebenfo it.)

Glück geht über Witz. (v.)

Beffer Glück haben, als gut fpielen. (frz.)

Wer Glück hat und eine Nußschale voll Witz, der kann die halbe Welt regieren. (v.)

Das Glück macht Herren und Diener. (frz.) [1])

Das Glück ist eine Schlange, zu Einem kommt fie, den An= dern flieht fie. (v.) [2])

Wenn du Glück haft, fo überwindet's den Zauber. (neg. engl.)

Wie bekannt, glauben die Neger vorzugsweife an böfe Zauberkräfte, und wie wir eben gelefen, halten fie das Glück für ftärker, als felbft diefe, aber „es hat's nicht, wer will," denn:

Glück fitzt nicht in den Haaren. (neg. engl.)

Wem das Glück wohl will, dem will Niemand übel. (v.) [3])

Glück will Alles fagen. (v.) [4])

———————————

1) Das Glück macht aus Herren Diener und aus Dienern Herren. (it.)
   Glückt es dem Einen, fo glückt es Hunderten nicht. (v.)
   Das Glück ift rund,
   Es fällt dem Einen in die Hand und dem Andern in den Mund. (v.)
   Ander Mann, ander Glück. (v.)
2) Das Glück ift Diefen Mutter und Jenen Stiefmutter. (frz.)
   Das Glück ift eine Frau: gegen Manche ift es fchlimm, gegen Andere gut. (m.)
   Wer weiß, wer naß wird, wenn's Glück regnet? (v.)
3) Wenn das Glück den Menfchen fucht, hilft er fich wohl. (v.)
   Glücklicher Menfch, glücklicher Theil. (engl.)
   Leicht gewinnt, wem das Glück lacht. (frz.)
   Gut tanzt, wem das Glück auffpielt. (it.; ä. frz., v., engl.)
   Glück bedarf keines Raths. (v.)
4) Glück ift die ganze Sache. (engl.)
   Glück ift uns felbft beim Eierfieden nöthig. (fic.)
   Glück gewinnt die Braut. (engl.)
   Wer Glück hat, der wird Hetmann (Hauptmann). (r.)

Für das Glück ist kein Gesetz. (r.) [1]

> Das Glück kommt von Ungefähr
> Wohl über tausend Meilen her. (b.) [2]

Das Glück steckt in einer Ecke, wohl dem, der's faßt. (v.)

Das Glück fliegt, wer's fängt, der hat's. (b.) [3]

Wenn das Glück dich nicht erwartet, so kannst du's nicht zu Pferde holen. (f.)

Auf den Scheidewegen sitzt das Glück. (r.)

Das Glück kommt über Nacht. (b.)

Glück, und schlafe. (v.) [4]

Wir haben eben das Glück als liebenswürdigen Eigen-sinn gesehen, der nur schenkt, wo's ihm einfällt, und nur begünstigt, wen es nach Caprice erwählt. Auf ein Mal sehen wir es als edle Siegesgöttin, die Hand voll gold-ner Kränze, die erworben werden sollen.

Das Glück ist den Kühnen hold. (b.) [5]

---

1) Glück fragt nicht nach Recht. (b.)
2) Ueber Gott kann man keinen Zwinger setzen, und hinter das Glück keinen Antreiber. (lett.)
   Bist du glücklich, kommt das Glück aus Yemen (dem glück-lichen Arabien) zu dir, — bist du's nicht, wird es dir zwi-schen den Lippen entfliehen. (til.)
3) Ist dir ein Glück bescheert, so gaukelt es querfeldein. (b.)
4) Wer Glück haben soll, dem kommt's schlafend. (it.)
   Das Recht ist der Wachenden, das Glück ist der Schlafen-den. (b.)
   Aber auch ganz entgegengesetzt:
   Glück und Recht sind der Wachenden. (b.)
5) Das Glück hilft den Kühnen, (lat.) (it.: und hilft nicht den Furchtsamen).
   Das Glück muß man erobern. (b.)
   Dem Feigen kehrt das Glück den Rücken. (b.)
   Zage haben kein Glück. (b.)
   Zaghaft Herz gewann niemals schöne Dame. (engl.)
   > Mit dem Netz der Feigheit werden
   > Nie gefischt des Glückes Störe. (fin.)
   Hans Darfnicht macht selten einen guten Markt. (b.)

7

Dem kühnen Manne reicht das Glück die Hand. (sp.)

Zum Glück gehört Muth. (v.)

Kühnheit macht oft gewinnen. (frz.)

Wirb,
Das Glück ist mürb'. (d.) [1]

Wenn das Glück klopft, macht ja die Thür auf. (engl.) [2]

Wenn das Glücksroß vor deinem Stall steht, so führ' es an
deine Krippe. (lett.)

Dem Glück muß man immer ein Fenster offen lassen. (d.)

Wem das Glück den Finger reicht, der soll ihm die Hand bieten. (d.)

Man muß das Glück fassen, wenn's kommt. (v.) [3]

Das Glück will, daß man es suche. (ba.) [4]

Glück wird nicht auf dem Markte verkauft. (pers.)

Und man soll nicht sagen:

_____ ____

Die Welt ist dessen, der sie sich nimmt. (v.)
Das Glück ist ein Heuschober: rupfe daran, so hast du's. (d.)
Die Welt ist ein Strohhaufen, wer nicht daran rupft, ist ein
Dummkopf, (t.) (v.: wer nicht draus rupft, sein Schaden).
Dagegen:
1) Das Glück ist eine Quelle, und nicht Jeder hat einen Schöpf-
becher dazu. (r.)
2) Man muß dem Glück ein Pförtchen öffnen. (d.)
Lege dem Glück keinen Stein vor die Schwelle. (lett.)
Es kommt Manchem das Glück vor die Thür, wenn er nur
aufthäte, eh' es weiter läuft. (d.)
3) Das Glück an den Haaren fassen, oder: bei der Mütze kriegen. (v.)
4) Wer sein Glück nicht sucht, der versäumt es. (d.)
Das Gute suchen, das Böse erwarten. (v.)
Dem guten Tage öffne die Thür, auf den bösen bereite dich
vor. (port.; a. sp. u. t.)
Im Glück fürchte das Schlimmste, im Unglück hoffe das Beste.
(engl.)
Nimm das Gute, wenn es da ist, nimm das Schlimme, wenn
du es nicht vermeiden kannst. (d.)

Ich wart' des Glücks,
Hilf Gott und schick's. (b.)

Nein:

Jeder ist seines Glückes Schmied. (b.; a. bä.) [1]

Das Glück ist dessen, der es sich macht. (v.)

Das Glück hilft denen nicht, die sich nicht selbst helfen. (b.) [2]

Wo Einer hin will, da thut ihm das Glück die Thür auf. (b.)

Das klingt ganz loyal, oder, um es deutsch zu sagen:
ehrlich. Man faßt Zutrauen zum Glück, man will
eben freudig und zuversichtlich in die schöne, reiche Hand
einschlagen, die es einem so liebenswürdig hinhält, da
ruft der Deutsche warnend:

Wem das Glück die Hand bietet, dem schlägt's gern
ein Bein unter;

und weiter:

Wen das Glück zärtelt, dem will es eine Schlinge legen, oder:
den Strick um den Hals werfen.

Wen das Glück in die Höhe hebt, den will's werfen.

Wenn das Glück dir Küchlein bäckt, so will es dich fassen und
erdrücken.

Wen das Glück verderben will, den verhätschelt es wie eine
Mutter.

---

1) Jeder ist seines Glückes Arbeiter, (frz.) (engl.: Gründer).
   Der Mensch ist seines Glückes Schmied. (b.)
2) Mensch, hilf dir selber, so will ich dir auch helfen, (b.)
spricht das Glück.
Der Spartaner sagte:
   Wer selbst Hand anlegt, rufe das Glück an.
Der Deutsche sagt:
   Hilf dir selber, so hilft dir das Glück;
   Es hat Jeder Glück, danach er thut;
und:
   Glück folgt den Sitten.

Entweder das Glück hat sich in Deutschland von jeher besonders tückisch gezeigt, oder es hat der Deutsche seine Tücken am genauesten beobachtet, denn er wird mit Warnen gar nicht fertig, sondern sagt, aus der Phantastik in die Wirklichkeit übergehend:

Glück hat Tück'.

Je größer Glück,
Je größer Tück'.

Glück ohne Mangel,
Nicht ohne Angel.

Zu großem Glück ist nicht zu trauen,

und schließt mit dem Stoßseufzer:

Bewahr' uns Gott vor großem Glück! [1]

Doch mag ihm dieser fromme Wunsch nicht blos durch sein Mißtrauen gegen die Aufrichtigkeit des Glückes eingegeben worden sein, er kann ihn auch aussprechen, weil er die sittliche Gefahr fürchtet, welche das Glück unzweifelhaft mit sich bringt. Denn:

Glück ist blind und macht blind. [2]

Das Glück macht dumm, wen es zu sehr begünstigt. (it.) [3]

---

[1] Die Slaven haben auch einige dieser Warnungen:
Wenn das Glück den Narren hebt, so will es ihn henken. (r.)
Wem das Glück schmeichelt, den verräth es gern. (p.)
Je größer das Glück, um so weniger traue ihm. (s.)
Dem Glücke traue nicht, und vor dem Unglücklichen verschließe nicht die Thür. (r.)

[2] Das blinde Glück macht die Seinen blind. (t.)
Das Glück, das selbst blind ist, macht Alle blind, die es verfolgen. (ba.)

[3] Wem das Glück zu wohl will, den macht's zum Narren, und:
Groß (gut) Glück gebiert Narren. (b.)
Das Glück nimmt den Verstand, das Unglück giebt ihn. (p.)

Glück macht frech und Siegen verwegen. (b.) [1]

Für großes Glück muß ein starkes Herz sein. (frz.)

Großes Glück kann nicht Jeder tragen. (b.) [2]

Im größten Glück braucht man den meisten Rath. (h.)

Zu großes Glück ist reines Unglück. (cz.) [3]

Und noch mehr:

> Wenn das Glück groß ist, muß man das Unglück fürchten; (b.) [4]

denn:

> Es kommt kein Glück, ohne daß nicht ein Unglück käme; (b.) [5]
>
> Schnell Glück, schnell Unfall, (b.)

und:

> Das Glück geht wohl auch den Krebsgang. (h.)

Ueberhaupt:

------- ---

[1] Leichter ist es, im Unglück geduldig auszuhalten, als im Glück sich nicht zu überheben. (cz.)
Wo Glück aufgeht, da geht Demuth unter. (b.)
Im Glücke vergessen die Leute. (p.)

[2] Dem Glück ist Niemand stark genug. (b.)
Glück ist ein Buckel, der schwer zu tragen ist. (r.)

[3] Die Menschen haben keinen schlimmern Feind, als das zu große Glück. (it.)
Groß Glück, große Gefahr. (b.)
Zu großes Glück beschwert mehr, als es erfreut. (p.)

[4] Groß Glück hält nicht lange Farbe. (b.)
Wenn das Glück rasselt, dann kracht es; fürchte das Unglück! (cz.)
Der Glücksgaul liebt das Ausschlagen. (lett.)

[5] Kommt ein Mal Glück, so kommen fünf Sturmwinde danach. (b.)

Von Einem, bei dem das die Regel ist, heißt's:
Er hat allzeit das Glück, das vor dem Donnerwetter hergeht. (b.)

Daher:
Im Glück fürchte das Unglück. (it.)

> Glück und Glas,
> Wie bald bricht das! (b.; a. bä.)

Das Glück wechselt das Nachtlager, Keinem dient das Glück lange. (cz.)

Das Glück macht Sprünge, (v.) (r.: hat Sprungfedern unter den Sohlen). [1]

Das Glück hat Weiberart, liebt die Jugend und wechselt gern. (b.)

Das Glück hat schöne Züge gern. (v.)

> Des Glückes Gewalt
> Hat Mondesgestalt. (b.)

Glück und Liebe wechseln wie der Mond. (it.) [2]

Das Glücksrad geht um. (b.) [3]

Ein Rad kreiset in der Welt. (hbr.)

Das Glück ist ein Geber und ein Nehmer. (v.)

Wie das Glück giebt, so nimmt es auch. (t.)

Das Glück schenkt Nichts, leiht nur. (b.)

Das Glück giebt Nichts zu eigen. (b.)

Eine christliche Auffassung des Glückes findet sich hier und da bei den Slaven:

> Gott regiert das Glück. (cz.; a. p.)

---

[1] Was in Sprüngen kommt, geht in Sprüngen weg. (b.)
 Das Glück hat Flügel. (b.)
[2] Das Glück kommt und geht wie der Mond. (b.)
 Das Glück und der Sieg geht um wie die Wacht. (b.)
 Glück ist wie Aprilwetter. (b.)
[3] Das Glück ist ein Rad, das geht;
und:
> Dieses Rad geht Tag und Nacht,
> Einer seufzt, der And're lacht. (v.)

Das Glück dreht sich. (kr.)
Das Rad dreht sich rings herum, die Sachen der Leute drehen sich mit dem Rade. (cz.)
Wie sich die Kugel dreht, so springt das Geschick der Welt. (kro.)

Der Herr vertheilt die Stunden. (p.)

Gott vertheilt das Glück und der Küchenmeister die Suppe. (s.) [1]

Wenn Gott der Herr will, muß das Glück. (cz.)

Französisch haben wir:

Von Stunde zu Stunde schickt Gott das Glück und das Unglück;

deutsch:

> Gott muß es schicken,
> Wenn's soll glücken.

Der Repräsentant des Glückes in der sichtbaren Welt ist das Geld. Das Sprichwort weiß das nicht weniger gut, als wir Alle es wissen. Allerdings befaßt es sich weder mit Kassenanweisungen und Banknoten, noch mit Rentenbriefen und Wechseln. Alle diese modernen Hülfsmittel sind für das Sprichwort prosaisches Papier, womit es, bis jetzt wenigstens, Nichts anzufangen weiß. Aber das Geld in seiner früheren Gestalt, als blendende, glänzende Lockung der Augen, als dämonisch unwiderstehlichen Magnet für die Hände, als klingendes, blitzendes Metall, das kennt das Sprichwort wohl, und dieses Geldes Macht feiert es in folgenden, wir möchten sagen, wilden, ja, gleichsam dithyrambischen Sprüchen, denen sich nur bisweilen eine Art geringschätzigen Spottes beimischt.

----

1) Gott vertheilt das Glück und die Großmutter den Kindern die Eier. (bs.)
Hat mich Gott mit kleinem Glücke geschaffen, so muß ich mit kleinem Glücke leben. (esth.)

Goldner Hammer bricht eisernes Thor.
(b.) [1])

Kein Schloß hält gegen die Macht des Goldes. (sp.)

Der goldne Schlüffel öffnet alle Pforten. (r.) [2])

Wo mit dem Thaler geläutet wird, gehen alle Thüren auf.
(b.) [3])

Gold sprengt die Riegel, oder: macht alle Riegel auf. (frz.)

Geschenke sprengen Felsen. (sp.)

Geld ist ein guter Hauptschlüffel. (frz.)

Der Hauptschlüffel eines Reichen öffnet mehr Thüren, als der
eines Schloffers. (frz.)

Kaffenschlüffel schließen alle Schlöffer. (b.) [4])

Gold geht zu allen Pforten ein, außer zu denen des Himmels.
(engl.) [5])

---

1) Ein goldener Hammer
   Dringt in eine eiserne Kammer. (b.)
   Ein goldnes Hämmerlein zersprengt wohl einen ehernen Am=
   bos. (r.)
   Gold schmeidigt Stahl. (perf.)
   Der silberne Hammer sprengt eiserne Thüren. (it.; a. ba.)
   Mit einer silbernen Axt haut man jede Eiche um. (r.)
2) Es giebt kein Schloß, das ein goldner Schlüffel nicht öffnete.
   (engl.; a. ba.)
   Ein goldner Schlüffel schließt auch des Czaren Herz auf. (r.)
   Ein silberner Schlüffel findet leicht ein goldnes Schloß. (r.)
   Einem goldnen Ohr wird jedes Geheimniß zugeflüstert. (tat.)
3) Wo der Pfennig läutet, da gehen alle Thüren auf. (b.)
   Wenn der Pfennig läutet, läuft Jedermann zur Kirche. (b.)
   Wenn der Rubel läutet, wird jeder andere Klang überhört. (r.)
4) Im Negerfranzösisch der Antillen heißt es mit großer Wahr=
heit:
   Hölzerner Schlüffel öffnet nicht eisernes Schloß;
im Russischen:
   Ein silbernes Wort sprengt das Schloß leichter, als ein eher=
   ner Schlüffel.
5) Gold geht durch alle Thüren, außer der Himmelsthür. (b.)

Reichthum führt wohl bis an die Pforte des Himmels, aber nicht bis in den Himmel hinein. (lett.)

Geld schließt selbst die Hölle auf. (b.) [1]

Pfennigsalbe schmiert wohl zu Hofe. (b.) [2]

In einem Goldrubel liegt viel Ueberredung. (r.)

Gründe, aus der Münze geholt, überreden am besten. (b.)

Wenn das Geld spricht, vermag keine Rede etwas. (lat.)

Wo Silbermünzen klingen, da schweigen die Weisen. (f.)

Wo das Gold redet, schweigt jede Zunge. (it.; a. frz.)

Wenn das Geld spricht, schweigt Jeder. (lef.)

Wenn Geld redet, schweigt alle Welt, oder: da gilt all' andere Rede nicht. (b.) [3]

Die Sprache des Geldes wird in allen Ländern verstanden. (r.)

Ein Quentlein Gold wiegt mehr, als ein Centner Recht. (b.)

Wo man mit goldnen Büchsen schießt, da hat das Recht sein Schloß verloren. (b.) [4]

Goldner Schlüssel öffnet jedes Thor, außer das des Himmels. (f.)

Für Geld erkaufst du den Himmel nicht. (p.)

1) Goldner Schlüssel öffnet alle Schlösser, auch die der Hölle, aber nicht die des Himmels. (cz.)

2) Schmieren und Salben
Hilft allenthalben. (b.) (Ulm.)
Schmieren macht linde Leute, oder: linde Häute. (b.)
Schmieren macht linde Hände und ein schmales Recht. (b.)
Ein goldner Handdruck überzeugt auch den ungläubigsten Richter. (r.)

3) Redet Geld,
So schweigt die Welt. (b.)
Wo des Goldes in Fülle ist,
Hilft zu Nichts der Zunge List. (frz.)

4) Mit einer goldnen Büchse schießt man den Adler aus den Wolken, oder auch: wohl einen Heiligen (seinen Schutzpatron) vom Himmel herunter. (r.)
Wohin ein goldner Mörser trifft, da verliert die Gerechtigkeit ihre Kraft. (it.)

Wer mit goldnen Kugeln schießt, der trifft gewiß. (d.) [1]

Wer mit silbernen Waffen kämpft, ist sicher, zu überwinden. (engl.) [2]

Ein allerliebstes Wortspiel hat der Deutsche:

Tausendguldenkraut thut Wunder. [3]

Ebenso hübsch ist sein Ausdruck:

Mit goldnen Aepfeln werfen,

und der des Venetianers:

Mit silberner Angel fischen.

Dieser soll für gewöhnlich „Fische kaufen" bedeuten, so wie die lettischen Redensarten:

Mit einer goldnen Angel angeln,

und:

Mit einem silbernen Spinnrocken spinnen, [4]

das Baarkaufen ausdrücken sollen, doch dürfte die tiefere Bedeutung darum nicht wegfallen.

Mit dem folgenden ächt deutschen Spruche:

Geld im Seckel duzt den Wirth,

---

1) Mit silbernen Büchsen wird am besten geschossen. (d.)
   Mit einem silbernen Bolzen kann man gut schießen. (r.)
2) Wer mit silbernen Spießen ficht, ist des Sieges gewiß. (d.)
3) Der Russe hat:
   Die goldgelben Pilze sind's, die der Geizhals am meisten liebt.
4) Wer mit einem silbernen Rocken spinnt, spinnt das feinste Garn. (r.)
   Wer mit einem goldnen Rocken webt, hat fertige Linnen. (lett.)
   Wer mit goldnem Finger dem Mond winkt, zu dem wird er herabsteigen,
und:
   Auf einer goldnen Schaukel kann man bis in den Himmel fliegen. (r.)

begiebt das Sprichwort sich aus der Region der Bilder
in die Alltagswelt, und frägt uns:

Was kann das liebe Geld nicht thun? (d.)

Darauf versichert es:

Geld thut mehr, als Mylords Brief, (engl.)

was nicht wenig sagen will, wenn man weiß, was in
Old-England ein Lord noch immer für eine Personnage
ist. Und dann fährt es fort:

Eine schwere Börse macht ein leichtes Herz. (engl.) [1]

Es giebt nichts Stolzeres, als eine volle Tasche. (d.)

Geld ist der Mann. (d.)

> Geld ist ein Mann,
> Der's kann. (d.)

Geld macht den Mann. (d.) [2]

Geld ist Meister. (d.)

Herr Geld ist überall. (cz.)

Wer das Geld giebt, bläst die Pfeife. (til.)

Goldklang klingt besser, als eine Glocke. (m.)

Ist klingende Münze da, so sind auch Anhörer da. (llr.)

Dein Blasen auf dem silbernen Horn hören deine Freunde
tausend Werste weit. (r.)

---

[1] Schweres Silber macht einen leichten Sinn. (cz.)
Besser ist ein Beutel für einen Groschen, aber ein Schock
darin, als einer für ein Schock, wo ein Groschen drinnen. (p.)

[2] Gott macht und bildet die Gestalt, aber Geld macht den
Mann. (engl.)
Geld Herr, Hopfen Held, Hafer Roß, (d. h. Geld, Hopfen
und Hafer machen den Herrn, den Helden und das Roß).
(cz.)

Nur der Walache sagt:
Der Mensch macht den Menschen, nicht das Geld den Menschen.

Wer auf einer goldnen Gadulka geigt, der findet willige Tänzer. (bulg.)

Geld macht die Blinden singen. (fic.)

Für den Pfennig tanzt der Hund. (ba.)

Alt Geld macht neuen Adel. (b.) [1]

Geld heißt Junker. (b.)

Die Dukaten haben, werden Herren genannt. (it.)

Wo mein Beutel aufgeht, raucht meine Kilche. (b.)

Ein Pfennig in meiner Hand giebt mir zu trinken, wenn alle meine Freunde es nicht thun. (engl.)

> Hab' ich was klingt,
> So krieg' ich was singt. (b.)

> Wer da hat was da klingt,
> Der hat auch was da springt. (h.)

Geld macht den Markt. (b.)

Baar Geld kauft, oder: lacht. (b.)

Baar Geld trägt's davon. (frz.)

Baar Geld dingt wohlfeil. (b.) [2]

Baar Geld ist gute Waare. (b.) [3]

Daher lautet der Rath des Sprichworts:

Ohne Geld gehe nicht auf den Markt. (it.)

sonst heißt es:

Ohne Geld auf den Markt, ohne Salz (Waare) nach Hause; (cz.)

---

1) Altes Vermögen macht neuen Adel. (p.)
2) Es ist wohlfeiler mit Geld als mit Bitten kaufen. (b.)
   Was durch Bitte erhalten wird, ist theuer gekauft. (h.)
   Bettelkauf ist theurer Kauf. (wstph.)
   Wollt Ihr wissen, was ein Dukaten werth ist, sucht einen zu leihen. (h.)
   Wer nicht bezahlen kann, muß bitten. (engl.)
   Wer kein Geld in der Börse hat, habe Honig im Munde. (it.)
   Wer kein Geld hat, muß mit der Haut bezahlen. (b.)
3) Geld ist die beste Waare: sie gilt Sommer und Winter. (b.)

denn:

Für „Gott bezahl's!" kaufst du nicht viel. (p.) [1]

Nicht minder richtig sagt der Russe:

Ohne Geld in die Stadt, allein für sich zurück; [2]

und der Czeche:

Hast du nicht Geld, geh' nicht in's Wirthshaus.

Dort ruft man nämlich, wie bekannt, dem Eintreten=
den zu:

Hast du Geld, so setz' dich nieder,
Hast du keins, so scher' dich wieder. (b.) [3]

1) Leere Hand geht nicht zu Markt,
und:

Leerer Brief geht nicht an Bord. (E.)
Ohne Geld kauft man Nichts. (b.)
Für leere Beutel giebt es keinen Markt. (r.)
Für Nichts kann man Nichts kaufen. (h.)
Vornehmheit, auf den Markt geschickt, kauft keine Metze Korn.
(engl.)

Das „Nichts für Nichts" wird auch bildlich ausgedrückt:
Keine Gerste von dir, von mir kein Rennen. (pers.)

2) Ohne Geld auf den Markt (in die Stadt), ohne Salz nach
Hause. (p.)

3) Mit einem goldnen Anker kannst du in jeder Bucht anlegen,
und:

Ein silberner Anker findet leicht einen goldnen Grund. (r.)

In Kleinrußland heißt es:
Mit einem silbernen Ruder fährt man auch glücklich über die
Fälle des Dniepr;

in Weißrußland:
Wenn deinem Kalbe ein silbernes Euter gewachsen ist, dann
wirst du leicht goldne Milch daraus melken können.

Hast du nur erst die silberne Henne, so wirst du auch bald die
goldnen Eier haben. (lett.)

Wer die silbernen Strümpfe hat, findet leicht die goldnen
Schuhe. (r.)

Man schießt wohl mit einer silbernen Kugel einen goldnen
Büffel. (bulg.)

Oder auch:

> Haſt du Geld, ſo tritt hervor,
> Haſt du keins, bleib' außer'm Thor. (d.)

Sehr natürlich, denn es heißt desgleichen:

> Haſt du Geld, ſo biſt du lieb,
> Du ſeiſt Schelm oder Dieb. (d.) [1]

Erſt: „wie viel Geld?" danach: „wie fromm?" (d.)

Für dein Geld überall brav. (r.; a. klr.)

Gut iſt Martin, wie ſein Geld iſt. (klr.)

**Aber nicht blos gut macht das Geld, auch klug. Un-
paſſend ſagt der Araber:**

> Eine Hand voll Verſtand iſt beſſer, als eine Metze voll Gold.

**Das Geld giebt den Verſtand, man braucht ihn nicht
zu haben:**

> Wer Geld in ſeiner Börſe hat, dem kann ein Kopf auf den
> Schultern nicht fehlen. (engl.)

> Nach dem Glück das Anſehen, nach der Fülle der Verſtand. (p.)

> Haſt du Geld, ſo biſt du weiſe, haſt du keins, biſt du ein Thor.
> (tü.) [2]

> Haſt du nur hundert Schock, kannſt du ſelbſt Pope werden,

> Wer im ſilbernen Bett liegt, hat goldne Träume. (lett.)
> Silber iſt ein Heiliger, Gold iſt ein Erzheiliger. (r.)
> [1] Hätt' ich Geld, ſo wär' ich fromm genug. (d.)
> Ich weiß gar wohl, wie ſie's treiben in der Welt,
> Man liebt am meiſten den mit dem meiſten Geld. (engl.)
> [2] Ein Jeder gilt, ſo viel er hat. (d.)
> Wer Nichts hat, iſt Nichts, (it.) (d.: gilt Nichts).
> Wer kein Gold hat, hat keine Macht. (perſ.)
> Ohne Gold iſt ſelbſt das Licht finſter. (lit.)
> Ein Menſch ohne Geld iſt wie ein Vogel ohne Flügel: wenn
> er ſich erhebt, fällt er auf den Boden und ſtirbt. (wal.)
> Leute ohne Geld gleichen Leibern ohne Seele. (frz.)
> Ein Mann ohne Geld iſt eine Leiche. (plattd.)
> Wer keinen Lebensunterhalt hat, iſt todt. (perſ.)

aber:

Ohne Geld ist selbst der Kämmerer ein Armer. (lr.)

Was ist die Folge von diesen Wirkungen des Geldes oder Goldes?

Reichthum erzeugt Verehrung. (engl.)

Viel Geld, viel Freunde. (b.) [1]

Es giebt nicht mehr Freunde, als im Beutel. (frz.)

Wer Geld hat, der findet Vettern. (it.)

Schenken und geben macht viel Vettern. (h.) [2]

Wer Geld genug hat, hat genug Verwandte. (frz.)

Kurz:

Geld
Regiert die Welt. (d.) [3]

Geld
Behält das Feld. (d.; a. frz.)

Geld gebietet Allem. (engl.)

Reichthum gebietet, Tugend weicht ihm. (p.) [4]

Dem Geld gehorcht Alles. (lat.)

Lobt das Geld als den größten König über Alles. (lat.)

Schönheit ist mächtig, aber Geld ist allmächtig. (engl.)

---

1) Wer Geld hat, macht sich wohl Freunde. (h.)
   Wer Obst hat, der hat lustige Gäste. (lett.)
   Wenn der Schnappsack Feigen hat, so ist alle Welt Freund.
   (alb.)
   Ein voller Beutel macht überall Freunde. (b.)
   Bei wem das Glück, bei dem die Leute. (r.)
   Wo das Glück sich hinneigt, da auch die Liebe der Leute. (s.)
2) 's ist: Vetter! Vetter! so lang' ich gebe. (h.)
   Ueber Gold und Silber giebt's keine Verwandte. (frz.)
3) Das Gold regiert die Welt. (it.)
   Geld spricht nicht, aber schafft viel. (r.)
   Viel thut die Liebe, aber mehr noch das Geld. (s.)
4) Tugend nach Geld. (lat.)

Geld ist die Welt,
Und die Welt ist Geld. (d.)

Geld ist Mensch. (E.)

Trachte nach Geld,
So hast du die Welt. (d.)

Reichthum ist der Pfeiler der Welt. (afr.)

Reichthümer sind so kostbar wie das Leben. (tü.)

Geld ist theurer, als das Leben. (cz.)

Ist Vermögen da, so ist auch Glück da; (r.)

denn:

Einem Reichen kriecht das Glück in jede Rocktasche.

Geld! Geld!
Schreit die Welt. (d.)

Geld ist die Losung (der Nerv). (d.)

Geld führt den Krieg. (d.)

Frisch Geld,
Frischer Held. (d.) [1]

Dieser letzte Spruch bezieht sich auf Heere, welche aus Söldnern bestanden oder noch bestehen. In Frankreich, wo der König seine Schweizergarde hatte, sagte man in diesem Sinne:

Kein Geld, kein Schweizer.

Von den Geistlichen und sogar von den Heiligen scheint das Sprichwort dieselbe Meinung zu hegen:

Wenig Geld, wenig Vaterunser. (engl.)

Geld wird von Mönch und Derwisch gleich gebraucht. (tü.)

Wenig Geld, wenig San Anton. (v.)

---

1) Hätte der Löwe ein goldnes Herz, so würde Mancher den
   Kampf mit ihm wagen. (r.)
   Wenn der Mond von Gold wäre, man hätte ihn längst schon
   mit Stricken auf die Erde gezogen. (lett.)

In Sardinien sagt man:

Unbezahlte Worte heilen nicht,

sondern nur die, welche eine alte Frau, die Carresegada genannt wird, über die Kranken spricht. Gänzlich profan äußert der Holländer:

Der beste Glaube ist baares Geld.

Der Engländer geht nicht so weit, er begnügt sich mit dem Axiom:

Baar Geld ist so gut wie Arznei.

Als Gegensatz dazu sagt er:

Gesundheit ohne Geld ist ein halbes Fieber,

und altfranzösisch lesen wir:

Wenn Geld mangelt, mangelt Alles,

so daß also wohl der Deutsche Recht haben dürfte, wenn er naiv meint:

Es ist alle Tage gut, Geld annehmen,

was der Serbe durch die Versicherung vervollständigt:

Geld ist auch im schlechten Beutel willkommen.

Genug: um in einigen letzten Sprüchen nochmals zusammenzufassen, was „Herr Geld," der, dem Lateiner nach, mit Jupiter die Regierung der Welt theilte, Alles kann und thut:

Wenn das Geld geht, geht Alles gut. (frz.) [1]

Wo Geld vorangeht, da stehen alle Wege offen. (d.) [2]

---

1) An einer goldnen Krücke geht der Lahme schneller, als der Arme auf zwei gesunden Beinen. (r.)
2) Mit einem goldnen Gaul kann man durch die ganze Welt reiten; (r.)
und in Moskau:

Aus dem Nein wird durch Geld ein Ja gemacht. (b.)

Geld hier, Geld da, macht die Advokaten prozessiren. (frz.) [1]

Geld schweigt nicht, wo es ist. (b.)

Geld kann nicht Unrecht thun. (b.)

Geld wird nicht gehenkt. (b.) [2]

Für Geld kann man den Teufel in ein Glas bannen;
ja, es heißt selbst:

Für Geld kann man den Teufel tanzen sehen. (b.)

Es darf jedoch aus den vorhergehenden Seiten nicht ge=
folgert werden, das Sprichwort verliere in seiner Geld=
trunkenheit ein für alle Mal den Kopf. Ganz im Gegen=
theil sagt es:

Man muß dem Gelde gebieten, nicht dienen. (b.) [3]

Das Geld ist ein guter Diener und ein schlechter Herr. (frz.)

Gut ist das Geld für den Weisen, schlimm für den Verschwen=
der, am schlimmsten für den Geizigen. (it.) [4]

Ferner heißt es:

Das Herz ist arm und reich, nicht die Kiste. (b.)

Wer das Geld hat, hat darum noch nicht das Glück. (r.)

Wer mit einer silbernen Kibitke nach Sibirien reis't, wird bald
auf einem goldnen Gaule nach Moskau zurückkehren.
Weiter:
Mit goldnen Socken gelangst du bis in die Mitte des Czaren=
palastes.

1) Geld macht Mohren weiß, oder: die Blinden sehen, aber auch:
taub. (b.)
2) Wer Geld und Feld hat, wird nie gehängt werden. (it.)
3) Geld ist Einem Diener, dem Andern Herr, (s.) (engl.: Eini=
gen ein Diener, aber Andern ein Herr).
Kannst du das Geld brauchen, so bist du sein Herr, wo nicht,
sein Knecht. (b.)
4) Geld dem Geizhals Qual, dem Edlen Ehre, und dem Ver=
räther Tod. (r.).

Der größte Reichthum ist Zufriedenheit mit Wenigem. (engl.)[1]

Das zufriedne Herz gilt mehr, als alles Gold der Welt. (frl.)

Wenn der Czar durstig zum Brunnen kommt, so frägt er nicht nach dem goldnen Becher. (r.)[2]

Die Flüchtigkeit des Besitzes wird auch nicht vergessen:

Gold schmilzt wie Butter in der Sonne. (engl.)

> Gold und Gut
> Ist Ebb' und Flut. (plattd.)

Reichthum hat Adlersfedern und bleibt an keinem Ort. (b.)

Einige Zeit lang ist Mondschein, und dann ist's finster wie vorher. (hb.)

Besonders unzuverlässig ist der Besitz, wenn er nicht wohl erworben ist:

> Wie gewonnen,
> So zerronnen. (b.)[3]

Schlecht bekommen, schlecht ausgegeben. (engl.)

Was schlecht erworben ist, pflegt schlechter wegzugeh'n. (lat.)

Was der Wind bringt, trägt der Wind fort. (perf.)[4]

Mit Singen kommt des Küsters Geld, mit Singen geht es fort. (sp.)[5]

---

1) Genug hat, wer mit Wenigem sich begnügt. (it.)
Zufriedenheit geht über Reichthum. (frz.)
Lieber ein Bettler mit gesunden Beinen, als ein Reicher mit einer goldnen Krücke. (r.)

2) Gold ist ohne Werth in einer Wüste. (perf.)
Der goldne Käfich nährt nicht die Nachtigall. (r.)
Was hilft's, ein goldnes Becken haben, um Blut hineinzu-spucken? (ngr.)

3) Gewonnen mit Schand',
Geht schnell von der Hand,
Gewonnen mit Ehr',
Deß wird immer mehr. (b.)
Wie empfangen, so gegangen. (b.)
Was mit Raub kommt, geht mit Ruin fort. (Pat.)
Sündegut, Schandegut. (b.)

4) Was mit dem Wind kommt, geht mit dem Wasser. (perf.)

5) Was mit der Flöte kam, geht mit dem Tamburin. (frz.)

Das Messer, welches Ihr auf der Straße fandet, werdet Ihr auf der Straße verlieren. (neg. frz.)

Schlimm ist das Lamm gekommen, und schlimm ging die Haut weg. (frz.)

Der Teufel bringt's, der Teufel trägt's fort. (it.) [1]

Denn:

Unrecht Gut gedeihet nicht. (d.) [2]

An unrecht erworbenem Gut sieht man keine Freude. (it.)

Ein ungerechter Heller frißt einen Thaler. (d.)

Wer sich in Anderer Stoffe kleidet, wird bald ausgezogen. (it.)

Was dir nicht gehört, das streift eine Maus mit dem Schwanze weg. (d.) [3]

Nicht minder werden die Nachtheile des Reichthums her=
vorgehoben, wenn er sich, der deutschen Redensart nach:

Das Geld hat Podagra's Art: wo es ist, da bleibt's,

häuslich eingerichtet hat.

Großes Gut, große Sorge. (d.)

Großes Schiff, große Sorge. (it.) [4]

---

1) Vom Teufel kam's, zum Teufel ging's zurück. (frz.)
   Was über des Teufels Rücken gewonnen wird, wird unter seinem Bauche verthan. (engl.)
2) Unrecht Gut glückt nicht. (dä.)
   Unrecht Gut thut nicht gut. (d.)
   Unrecht Gut kommt selten auf den dritten Erben. (d.; a. lat., it. u. dä.)
   Ungerecht Gut ist ein Funken im Kleiderkasten. (d.)
   Unrecht Erworbenes wird rasch verzehrt. (it.)
   Gewinn ist nicht Gewinn, er sei denn gerecht. (d.)
   Böser Gewinn fährt bald dahin, oder: fafelt nicht, d. h. ge=
   deihet nicht. (d.)
3) Plündern macht nicht reich. (d.)
   Von ungerechtem Gewinn kommt gerechter Schaden. (it.)
   Gestohlen Gut liegt hart im Magen. (d.)
   Gut gestohlen bringt niemals Nutzen. (frz.)
4) Kleines Haus, kleine Sorgen, großes Haus, große Sorgen. (it.)
   Wenig Wohlstand, wenig Kummer. (engl.)

Armuth ist ein feurig Hemd. (til.)

Armuth scheidet Gefährtenschaft. (engl.)

Wo kein Brod ist, laufen selbst die Hunde weg. (it.) [1]

Im Hause, wo Noth ist, ist Streit. (piem.) [2]

Armuth ist eine Haberkatz'. (schwb.)

Und was das Traurigste ist:

Unglück trifft nur die Armen. (b.)

Es ist, als hörte es und nähme ernsthaft, was der Ve=
netianer ironisch sagt:

Gieb's ihm, er hat gute Schultern!

und:

Gieb's ihm, 's ist ein räudiger Hund.

Denn:

Die Fliegen setzen sich immer auf die magern Pferde. (it.
g. ä. b.) [3]

Der Hund verfolgt stets den Bettler. (lat.)

Das Unheil verfolgt das Unglück. (frz.)

Das Feuer sucht die Lumpen. (it.) [4]

Die Schlechtbekleideten vor den Wind. (frz.)

Die Schwächsten müssen an die Mauer. (engl.) (Im Gedränge
auf der Straße.) [5]

Die größten Schloßen fallen auf die Felder der Armen. (lett.) [6]

---

1) Wo kein Mehl ist, ist Elend. (it.)
2) Wo kein Brod ist, ist Lärm. (t.)
3) Den magern Hunden gehen die Fliegen nach. (parm.; a. b.)
4) Lumpen brennen leicht an. (frz.)
5) Dem Schwächsten das Licht in die Hand. (frz.; g. ä. engl.)
   Der kleinste Junge trägt immer die größte Geige. (engl.)
6) Auf des Kahlen Haupt hagelt es die größten Schloßen. (p.)
   Wenn dich der Regen in einem verfallenen Hause sieht, so ist
   er immer hinter dir her. (neg. engl.)

Der Stein fiel auf den lahmen Fuß. (perſ.)

Wenn der Arme einen Groſchen findet, ſo iſt's ein falſcher. (r.)

Bekommt der Arme ein Stück Brod, ſo reißt es ihm der Hund aus der Hand. (b.) ¹)

Eines Unglücklichen Wagen pflegt umzuwerfen. (ſcho.)

Habe nur rechten Durſt, und es wird dir an Salz nicht feh=len. (r.)

Sei nur blind, und es wird dir jeder Balken im Wege bän=gen. (p.)

Alle Tage des Armen ſind ſchlimm, auch ſeine Nächte; in der Dächer Tiefe liegt ſein Dach — der Dächer Regen fällt auf das ſeinige herab; auf der Berge Höhe liegt ſein Weinberg — ſeines Berges Erdreich rollt auf das der andern hinab. (hbr.)

Alſo dürfen wir es nicht abläugnen: Armuth iſt ſchlimm, und nur Etwas noch iſt ebenſo ſchlimm: das Alter.

Armuth iſt eine Laſt.
Alter ein unwerther Gaſt. (d.) ²)

Natürlich:

Wenn Bienen alt ſind, geben ſie keinen Honig. (engl.)

Alte Kirchen haben düſtere Fenſter, (trübe Augen). (b.)

Alter iſt ſo gut wie hundert Fehler. (perſ.)

Alter iſt auch eine Krankheit. (agr.) ³)

Das Alter iſt des Todes Vorbote. (b.)

Des alten Mannes Stab iſt der Klopfer an des Todes Thür. (engl.)

Der Holländer ſagt mit Recht von einem Greiſe:

1) Wenn der Bettelmann Nichts haben ſoll, ſo fällt ihm auch noch die Butter vom Brod. (Hrz.)
2) Das Alter iſt eine ſchwere Laſt. (it.; a. frz.)
3) Das Alter iſt das Spital, das alle Krankheiten aufnimmt. (b.)

Es wachsen Kirchhofsblumen auf seinem Haupte, [1])

und nur ein uralt Mütterchen kann um ihr noch älteres Väterchen die thörichte Klage erheben:

Lieber Hubert Dom, müßt Ihr noch sterben auf Eure alten Tage! (h.)

Wäre der „liebe Onkel Hubert" nicht so alt gewesen, daß er eine eigentliche Antwort gar nicht mehr hätte geben können, so hätte er seinem Mütterchen wahrschein= lich erwiedert:

Heute mir, morgen dir.
(eur.)

Wenigstens wird dieser Spruch oft auch in solchem Sinne genommen. Das Sprichwort indessen wendet ihn auf die Wechselfälle des Lebens an:

Heute du, morgen ich. (engl.) [2])

Heute mein, morgen dein, so theilet man die Huben. (b.)

Heute für Euch, morgen für mich. (neg. frz.)

Ein ander Mal wird der Lange bekommen und der Kurze nicht bekommen. (afr.)

Heute dem Einen, morgen dem Andern. (s.)

---

1) Graue Haare sind Kirchhofsblumen. (b.)
2) Sehr ungleich geht's auf Erden zu:
Ich heut', der gestern, morgen du. (b.)
In der Odschisprache (in Afrika) findet der Mensch die wenig schmeichelhafte Warnung:
Wenn du eines Affen Hand issest, siehe auf deine Hand.
Dann heißt es auch noch:
Hält man (jetzt) über deinen Nächsten Gericht, so wird man es ein ander Mal über dich halten.

Wer unten liegt, kann wohl einst obenhin kommen. (h.) [1]

Einer auf dem Berge, der Andere in der Ebene: was heute ist, ist nicht morgen. (it.)

Ein Mal läuft der Hund, und das andere Mal der Hase. (v.) [2]

Die Welt ist aus Schuhen gemacht: Einer zieht sie aus, der Andere an. (it.) [3]

So geht es in der Welt: der Eine läuft barfuß, und der Andere trägt Schuhe. (h.) [4]

Diese Welt ist Nichts als ein Schaukelspiel, wo man kommt und geht, nieder- und aufsteigt. (ar.) [5]

Die Welt gleicht dem Rade mit den Eimern: der leere wird voll, und der volle wird leer. (hbr.)

Was Einem begegnet, kann Jedem begegnen. (p.) [6]

Das will sagen, daß bald auf Den, bald auf Jenen einer der folgenden Sprüche paßt:

Heute oben, morgen unten. (d.)

Heute groß, morgen klein. (d.)

---

1) Unter dem Wagen ist, wer auf dem Wagen war. (frz.)
2) Ein Bischen läuft der Hund, und ein Bischen läuft der Hase. (b.)
3) Diese schöne Welt ist aus Strümpfen gemacht: der Eine zieht sie aus, der Andere an. (m.)
4) So geht es in der Welt: der Eine hat den Beutel, der Andere hat's Geld. (d.)
   Der Eine hat den Dill, der Andere hat die Gurken. (r.)
   Der Eine hat den Pflock, der Andere den Rock. (lett.)
   Maria hat den Flachs, und Katja hat die Runkel. (r.)
   Der Eine hat den Sauerdorn, und der Andere macht sich Wein aus den Berberitzen. (r.)
5) Die Welt ist aus Treppen gemacht: der Eine steigt sie hinauf, der Andere hinunter. (it.)
6) Was heute mir begegnet, kann morgen dir begegnen. (b.)
   Derselbe Stock, der die weiße Henne geschlagen hat, wird auch die schwarze schlagen. (neg. engl.)
   Der Stock, der den schwarzen Hund schlägt, kann auch den weißen Hund schlagen. (neg. frz.)

Heute Herr, morgen Knecht. (d.)

Heute Ritter, morgen Kuhhirt. (frz.)

Heute ein Kaufmann, morgen ein Bettelmann. (dä.)

Heute im Putz, morgen im Schmutz. (d.)

Heute in Blüte, morgen in Thränen. (frz.)

Heute Freud', morgen Leid. (d.)

Heute sind wir froh, morgen sind wir traurig. (engl.)

Heute Alles gelingt, morgen Alles zerspringt. (d.)

Heute Freund, morgen Feind. (frz.)

Heute vermählt, morgen gequält. (frz.)

Das Alles kann begegnen, aber wird man jemals mit dem Sprichwort sagen können:

Heute für Geld, morgen umsonst? (d.)

Was man dagegen mit ihm als eine unläugbare, wenn gleich unerquickliche Wahrheit aussprechen muß, das ist der Satz:

Des Einen Unglück ist des Andern Glück. (d.) [1]

Wir finden ihn überall, nur bald milder, bald schärfer. Der Pole sagt blos:

---

[1] Für Keinen ist eine Stunde so glücklich, daß sie nicht für einen Andern unglücklich wäre. (cz.)

Es giebt kein großes Bankett, bei dem nicht Einige schlecht äßen. (engl.) (Ernstliches Mißgeschick für einen Engländer mit gutem Appetit.)

Läßt sich das Glück bei Einem nieder, so entgeht es dafür dem Andern. (cz.)

O Schicksal, Schicksal! dem Einen giebst du reife, dem Andern unreife Melonen zu essen. (tü.)

Dem Einen giebt das Glück die Arbusen, dem Andern weigert es die Schalen. (r.)

Einer hat Paläste zu bauen, der Andere Bettelsäcke zu machen. (ta.)

Fremdes Unglück ist zuweilen ein Fest;

der Serbe aber spricht unumwunden:

> So lange es für Einen nicht dunkel wird, kann es für den Andern nicht hell werden;

und:

> Ehe es für den Einen nicht schlimm wird, kann es für den Andern nicht gut werden.

Der Italiäner sagt im Allgemeinen:

> Nie geht es schlecht für den Einen, ohne daß es gut für den Andern ginge,

und speciell:

> Kein Wetter kommt, ohne daß es für irgend Jemand nicht gut wäre.

Das bezieht sich auf die verschiedenen Bebauer des Bo= dens, welche je nach der Kultur, die sie treiben, ganz entgegengesetzte Wetterbedürfnisse haben; bei dem eng= lischen Spruch:

> Es ist ein schlimmer Wind, der Niemand Gutes bringt, [1]

müssen wir unwillkürlich, obgleich ungern, an Schiff= brüche und Strandrecht denken.

Herb humoristisch heißt es:

> Der Tod des Wolfes ist das Heil der Schafe. (l.; a. d.)

> Der Tod der Schafe ist das Wohlsein der Hunde. (v.) [2]

---

1) Es ist ein schlechtes Land, wo Niemand Vortheil hat. (h.)
2) Der Tod des Schafes ist das Leben des Hundes. (rom.)
   Der Tod des Esels ist ein Fest für den Hund. (pers.)
   Wenn der Löwe jagt, so ist's gut für den Schakal, aber schlimm für das Wild. (pers.)
   Des Gutsherrn Freudentag ist des Truthahns Trauertag. (r.)
Höchst poetisch sagt der Russe auch noch:
   Wenn man vom ersten Mai spricht, so tragen die Birken Trauer, (weil man am ersten Mai die Zimmer mit Maien ziert).

Der Katzen Scherz ist der Mäuse Tod. (b.) [1]

Der Füchse Tod ist der Gänse Leben. (r.)

Der Tod der Vögel ist das Jagdvergnügen der Bauern. (hb.)

Der Esel und sein Treiber denken nicht überein. (b.)

Der Fleischer denkt an's Mästen, die Ziege aber an's Schlachten. (til.)

Was gut für den Kopf ist, ist schlimm für den Rücken;

und:

Während das Bein warm wird, versengt der Stiefel. (engl.)

Trüb geradezu wird gesagt:

Nie weinte Einer, ohne daß ein Anderer nicht lachte. (v.) [2]

Eines Menschen Speise ist des andern Menschen Gift; [3]

und:

Eines Menschen Athem ist des andern Menschen Tod. (engl.)

Am rücksichtslosesten spricht der Venetianer in der ersten Person:

Dein Tod mein Leben.

Leider, daß diese Ungleichheit sich auch da vorfindet, wo es sich um Arbeit und Verdienst handelt:

> Der Eine hat's Genieß,
> Der And're das Verdrieß. (b.)

Das Vermögen ist nicht dessen, der es sammelt, sondern dessen, der es genießt. (it.)

Dem Einen die Arbeit, dem Andern der Lohn. (bä.) [4]

.

---

1) Das Spiel der Starken ist der Kranken Tod. (b.)
2) Das Volk weint, während der Tyrann lacht. (t.) (Reminiscenz aus der Römerzeit.)
3) Des Einen Tod ist des Andern Brod. (h.; g. ä. b.)
4) Wer die meiste Mühe mit den Kühen hat, genießt ihrer am wenigsten. (b.)

Einer baut es, der Andere kriegt es. (d.) [1]

Einer spinnt, und der Andere kleidet sich. (it.) [2]

Die die Gürtel näht, trägt selbst lose Gewande;

und:

Es werden viel Kniebänder von denen gestickt, die selbst bar=
fuß gehen. (r.)

Einer hält die Kuh an den Hörnern, und der Andere melkt
sie. (p.)

Hierher gehört die spöttische Frage auf Negerenglisch:

Wer wird die Hörner halten, während ein Anderer das Fleisch
schneidet?

Wer es brät, der ißt es nicht. (alb.)

Die den Kaviar bereiten, bekommen ihn nicht zu essen. (r.) [3]

Die die Strömlinge fangen, essen sie nicht. (lett.)

Der Eine fängt die Bricken, der Andere speist sie. (lett.)

Der April macht die Blüten, und der Mai hat die Ehre da=
von. (it.)

August kocht, und September suppt. (fie.)

Einer brockte die Suppe ein, der Andere aß sie. (ar.)

Die Henne sagt: wir (die Menschen) äßen die Eier, aber sie
habe den Schmerz des Legens. (neg. engl.)

Ottochen strickt das Netz, Gotthardchen fischt damit;

und:

---

1) Haben die weißen Ameisen ihren Bau gemacht, so werden die
     Schlangen darin wohnen. (ta.)
   Einer baut die Kibitke, der Andere fährt darin;
   und:
     Der Eine brennt die Ziegel, und der Andere deckt sein Haus
     damit. (r.)
2) Wer spinnt, hat ein Hembe, und wer nicht spinnt, hat ihrer
     zwei. (it.)
3) Stejan fischt den Stör, und Parvan streicht sich den Kaviar
     auf's Weißbrod. (bulg.)

Joseph steigt auf den Thurm, Stanislaus bricht das Bein. (lett.)

Der Eine gräbt den Brunnen, der Andere läßt sich das Waſſer schmecken. (r.)

Dieſſeits der Berge baut man den Tabak, jenſeits der Berge raucht man ihn. (bulg.)

Der Eine bohrt mit dem Meſſer in die Terebinthe, der An-bere zapft das Oel in den Krug. (tat.)

Die Einen ſäen, die Andern ernten. (lat.) [1])

> Der Eine pflanzt den Baum,
> Der Anb're ißt bie Pflaum'. (b.)

Die bie Reben pflanzen, ſind es nicht, bie ben Wein zu Munde führen. (r.)

Der Eine ſchlägt auf den Buſch, der Andere kriegt ben Vogel. (engl.; a. b. u. g. ä. ba.) [2])

Einer jagt ben Haſen auf, der Andere fängt ihn. (v.)

Dieſer jagt das Wilb, ein Anderer ißt ben Braten. (b.) [3])

Sie eſſen, unb wir ſollen ben Segen ſprechen. (hbr.)

Der Eine rafft bie Steine, ber Andere wirft ſie. (b.)

---

1) Einer ſä't, der Andere erntet. (it.; a. b.)
   Ich habe geſä't, ein Anderer mäht. (b.)
   Mancher ſä't, ber nicht erntet. (frz.)
2) Ich habe bie Vögel gejagt, bu haſt ſie gefangen. (ba.)
   Er ſchlägt auf den Buſch, ohne bie Vögel zu fangen. (frz.)
   Der Eine ſpannt das Netz aus, der Andere fängt bie Vögel.
      (v.) (Dieſe Sprichwörter beuten bie verſchiebenen Arten
      des Vogelfangs an.)
3) Der Eine fängt ben Haſen, ber Andere ißt ihn. (b.)
   Die Einen erjagen in ben Sümpfen das Elenn, unb bie An-
      bern verzehren im Trocknen ben Braten. (ſmg.)
   Der ben Schwarm austreibt, ben ſtechen bie Bienen, ber ben
      Honig ißt, ben ſchmerzt es nicht. (r.)
      > Der Eine hat bie Mühe,
      > Der Anb're hat bie Brühe. (k.)
   Der Eine frißt ben Braten, ber Andere muß ben Spieß
      lecken. (b.)

9

Der Eine schlägt 'nen Nagel ein, der Andere hängt den Hut b'ran. (b.) [1]

Der Eine macht das Bette, der Anb're legt sich, b'rauf. (plattb.)

Einer thut die Wunder, und der Andere hat das Wachs, oder: sammelt die Lichterchen, (b. h. der Heilige thut die Wunder, und der Priester nimmt die geopferten Kerzen). (v.)

Diese sämmtlichen Widersprüche resumirt der Venetianer in den beiden nationalen Redensarten:

Den Brei für die Andern machen,

und:

Für den Proconsul fischen;

der Engländer in der Sentenz:

Verdienst und Belohnung gehen selten miteinander.

Außerdem haben wir abermals Bilderbeispiele aus der lieben Thierwelt:

Das Pferd, das den Hafer verdient hat, kriegt ihn nicht. (b.)

Der Esel trägt das Korn in die Mühle und bekommt Disteln. (b.) [2]

Der Ochse, der den Pflug zieht, hat weder Rast noch Heu, die Maus aber in der Scheuer hat von Allem Ueberfluß. (chin.) [3]

Nie fällt einem guten Hund ein guter Knochen zu. (frz.)

Und selbst damit ist der Ungerechtigkeit kein Ende. Nicht genug, daß es viel zu selten heißt:

---

1) Die Kirschen essen und 'nem Andern den Korb an den Hals hängen. (b.)
2) Dem Esel, der's Korn zur Mühle trägt, wird die Spreu. (b.) Ich bin verwandt mit dem Esel, der Wein trägt und Wasser säuft. (it.)
3) Der, welcher arbeitet, kriegt das Stroh, der, welcher Nichts thut, das Heu. (frz.)

Dem Verdienste seine Krone; (b.)

oder:

> O lieber Bruder, wer die Arbeit thut, empfängt die Beloh-
> nung; (perf.)

wir finden sogar das Verdienst, anstatt belohnt, gemiß-
handelt:

> Das Pferd, das am meisten zieht, wird am meisten geschlagen.
> (engl.) [1]

Ja, es muß sogar das Verdienst statt der Schuld leiden:

> Einer thut den Schaden, und der Andere hat ihn. (engl.)
>
> Der Unschuldige muß oft mit dem Schuldigen herhalten. (b.)
>
> Die Unschuldigen bezahlen für die Schuldigen. (frz.)
>
> Der Gerechte leidet für den Schuldigen. (t.)
>
> Der Reiche fehlt, und der Arme wird bestraft. (frz.)
>
> Der Hammel säuft, das Ziegenböckchen heißt betrunken. (neg. frz.)
>
> Die Ratten haben das Zuckerrohr gefressen, die Anoli's sterben
> unschuldig. (neg. frz.) (Die Anoli's, eine Art kleiner auf den
> Antillen sehr verbreiteter Eidechsen, verbrennen, wenn man
> die von den Ratten verwüsteten Zuckerrohrfelder anzündet.) [2]

Ueberhaupt können wir, trotz aller rührenden moralischen Geschichten, in denen es zuletzt den Guten immer
gut geht, es uns nicht verhehlen:

> **Der Unschuldige muß viel leiden.** (b.) [3]
>
> Wer ein Heiliger ist, der schläft nicht auf weichen Betten. (wal.)

---

1) Man schlägt immer das Pferd, das zieht. (frz.)

2) Der Hund hat den Braten erschnappt, der Küchenjunge wird
  mit dem Bratspieß geschlagen. (t.)
Der englisch radebrechende Neger sagt:
> Ich habe die Henne nicht gegessen, nun soll ich noch gar für
> die Federn bezahlen!

3) Der Unschuldige muß die Zeche (das Gelag) bezahlen, oder:
  das Bad austragen. (b.)
  Die Unschuld muß immer den Hund heben. (b.)

Die Gerechten werden immer geschlagen. (b.) [1]

Die Frommen bekommen die Neige. (b.) [2]

Der Frömmste muß das Kreuz tragen. (b.) [3]

Wie sollt' es auch anders sein? Der Unschuldige, der Gerechte, der Fromme soll durch dieses Leben geläutert werden, wie das Gold im Feuer geläutert wird. Dazu gehört die Prüfung:

Der Weg zum Himmel geht durch Kreuzdorn. (b.) [4]

Der Weg zur Seligkeit liegt nicht auf Daunenbetten; (engl.)

und man kann nicht:

Zum Himmel in einem Federbett gehen; (engl.)

im Gegentheil:

Wer der Welt nicht den Kampf bieten kann, wird nicht zum Himmel gelangen. (r.)

Umsonst sagt man vom Deutschen:

Er will mit Stiefeln und Sporen in den Himmel, [5]

---

1) Der Gerechte geht immer mit zerschlagenem Kopfe einher. (wal.)
In der Schweiz sagt man:
Ei, du liebe Gerechtigkeit,
Liegst im Bett und hast kein Kleid.

2) Fromme Leute müssen täglich Lehrgeld zahlen. (b.)
Fromme Leute lobt Jedermann und läßt sie betteln. (b.)
Redlichkeit ist eine Bettlerin, die an einer Krücke geht, Schelmerei eine Fürstin, die eine Krone trägt. (lett.)
Der Gute hat selten das Gute. (alb.)
Das Schwein weidet mit zehn Jungen, und das Schaf kaum mit einem. (hbr.) (Man muß bei diesem Spruche daran denken, daß es im Morgenlande heißt: Viel Kinder, viel Segen.)

3) Je größer Christ, je größer Kreuz. (b.)

4) Wer zum Himmel ist gebor'n,
Den sticht alle Tag' ein Dorn. (Eif.)
Der Weg zum Himmel führt beim Thränenkreuz vorbei. (engl.)

5) Mit den Beinen läuft man nicht in den Himmel. (b.)

der Holländer belehrt ihn:

> Man kommt nicht mit Strümpfen und Schuhen in den
> Himmel.

Der Venetianer sagt:

> In's Paradies fährt man nicht zu Wagen, oder: mit dem
> Kopfkissen;

und der Czeche seufzt gleich dem Polen:

> Eng ist das Pförtlein zum Himmel.

Der Fromme weiß es also wohl, wohin der Dornen=
weg ihn führt. Er kennt sehr gut den Spruch:

> **Kein Unglück so groß,**
> **Es hat ein Glück im Schooß**; (b.) [1]

so wie die ähnlichen:

> Alles Böse ist nicht böse. (v.)
>
> Zu Etwas ist das Unglück gut. (frz.)
>
> Kreuz ist nicht bös, wer's fassen und halten kann. (b.)

Denn:

> Kreuz ist des Glaubens Probe. (b.)
>
> Trübsal macht gläubig, oder: lehrt auf's Wort merken. (b.)
>
> Anfechtung macht gute Christen. (b.)
>
> Unglück macht fromm und bescheiden. (b.)
>
> Im Elend lernt man beten, im Glücke vergißt man's. (r.)
>
> Wer's Unglück nicht versucht hat, der ist des Glückes nicht
> werth. (b.)
>
> Wer Böses leidet, der siehet Gutes. (lett.)
>
> Aus Erdulden kommt Wohlsein. (engl.)

---

[1] Aus dem Schlimmen kommt das Gute. (v.)
Kein großer Verlust ohne irgend einen kleinen Nutzen. (engl.)
Es ist Nichts so schlimm, es ist zu Etwas gut. (b.)

Unter Dornen wachsen Rosen. (d.)

Gerade aus den bittern Lindenblüten bereiten die Bienen den süßesten Honig. (r.)

Wer nicht leidet, überwindet nicht. (d.)

Prüfungen sind Staffeln, welche zum Himmel leiten. (engl.)

Jedes Kreuz hat seine Inschrift, (die anzeigt, wozu es bestimmt ist). (engl.)

Und endlich, auch englisch:

Kein Kreuz, keine Krone,

d. h. kein Streit, kein Sieg; kein Leiden, kein Lohn.

Nicht minder weiß der Geprüfte, wo er den Stab zu suchen hat, der ihm auf dem steilen Weg emporhilft. Früh ist es ihm gelehrt worden:

Geduld überwindet Alles. (d.) [1]

Geduld überwindet alle Dinge. (engl.)

Beharrlichkeit überwindet Alles. (frz.)

Mit Geduld überwindet man jedes feindliche Schicksal. (it.)

----

[1] Der Humorist setzt hinzu: Holzäpfel, Schweinsbraten, Sauerkraut. Es klingt etwas unverschämt, aber im Grunde meint er ganz dasselbe, wie der Philosoph, ebenso mit seinen übrigen schönen Reden:

Geduld frißt den Teufel. (d.)

Geduld mit Armuth ist des armen Mannes einziges Heilmittel. (engl.)

Geduld mit Zwang ist ein Mittel für einen tollen Hund. (engl.)

„Geduld!" sagte der Wolf zum Esel. (it.)

Liebe Seel', verzage nicht,
Sei nicht ungeduldig,
Wenn du nicht bezahlen kannst,
Bleib' den Leuten schuldig. (Hrz.)

Hab' Geduld, liebe Seele, morgen giebt's Pfannenkuchen. (plattd.)

Wer aushält, wird nicht überwunden. (engl.)

Wer aushält, überwindet. (v.)

Die Stärke wächst im Geduldgarten. (b.) [1]

Geduld verkauft der Apotheker nicht. (it.)

Es ist ein schöner Sieg, die Geduld. (frz.)

In der Tiefe der Geduld ist der Himmel. (afr.)

Im Leiden und Enthalten
Ist aller Sieg enthalten. (port.)

Starkes Herz bricht hartes Schicksal. (it.)

An der Geduld erkennt man den Mann. (b.)

Glücklich der Standhafte. (alb.)

Mit Geduld kommt man zu Allem. (frz.) [2]

Der Geduldige behält das Feld, oder: treibt den Ungeduldigen aus dem Lande. (b.)

Geduld ist die Seelenspeis'. (b.)

Geduld ist der Seelen-Schild. (b.) [3]

Geduld ist eine Arznei des Lebens. (b.)

Geduld ist ein Pflaster für alle Schäden. (engl.)

Gegen jedes Uebel hilft die Geduld. (it.) [4]

Das Alles weiß der Fromme, aber:

Die Länge trägt die Last. (b.) [5]

---

1) Geduld ist ein edel Kraut, wächst aber nicht in allen Gärten. (b.)
Mit der (leider) gewöhnlichen Bosheit des Sprichworts gegen die Frauen heißt es noch besonders:
Gehorsam und Geduld wachsen nicht im Frauengarten. (b.)
2) Von Staffel zu Staffel kommt man die Stiege hinauf. (b.; a. tü.)
3) Geduld ist der beste Harnisch. (b.)
4) Leichter trägt, was er trägt,
Wer Geduld zur Bürde legt. (b.)
5) Die Länge hat die Fährde. (b.)
Es ist ein langer Weg, der nie eine Wendung macht. (engl.)

Selbst:

Kleine Last drückt auf die Länge. (frz.; g. ä. engl.)

Ja:

Auf die Länge drückt ein Strohhalm, (v.) [1]

geschweige denn das Kreuz.

Da dürfte es denn wohl dem Frommen nicht zu verargen sein, wenn auch er sich bisweilen nach den allgemeinen menschlichen Tröstungen umsähe. Diese sind mannichfaltig. So haben wir z. B. gleich die Gewißheit, das Unglück sei so gut, wie Alles auf Erden, etwas Wanderndes, d. h.:

Unglück sitzt nicht immer vor einer Thür. (d.) [2]

Der Engländer sagt in diesem Bezuge:

Ertrage das Uebel und erwarte das Gute;

---

1) Bei einer langen Reise drückt selbst ein Strohhalm. (ba.)
2) Das Unglück sitzt nicht immer vor armer Leute Thür. (b.)
Der Teufel sitzt nicht immer vor der Thür eines armen Mannes. (frz.)
Es hängt kein Geldsack hundert Jahre vor der Thür, aber auch kein Bettelsack. (b.)
Nicht immer bleibt schlechtes Glück an einem Orte. (it.)
Nicht immer bleibt das Uebel da, wo es sich niederläßt. (it.)
Es weht nicht immer ein Wind. (b.)
Kein Regen so stark, er verläuft sich ein Mal. (lett.)
Die Neger in den französischen Kolonien sagen allerdings:
Die Sonne geht schlafen, das Unglück geht niemals schlafen,
aber doch meinen selbst sie:
Es giebt nichts Heißes, das nicht auskühlte.
Selten nur muß man verzagend mit dem Türken ausrufen:
Die Erde ist von Eisen und der Himmel von Erz,
meistens darf man auf negerenglisch sagen:
Derselbe Mund, der da gesprochen: Binde, der wird auch sprechen: Löse wieder.

Langersehntes kommt zuletzt;

und:

Endlich wird's besser,

was der Baske so ausdrückt:

Jedes Schlimme hat sein Schlimmstes,

und der Bergamaster durch das schöne Bild bestätigt:

Die dunkelste Stunde ist immer die vor dem Tage.

Der Perser spricht:

Ein oder das andere Mal wird das Wasser in meinen Kanal fließen,

wodurch uns zugleich das Bild der Berieselungskultur vor die Augen tritt.

Am vertrauendsten äußern sich die Slaven. Dem Perser ähnlich der Serbe:

Auch auf meine Mühle wird das Wasser fließn;

und weiter:

Auch mir wird es einst tagen. [1])

Der Russe und der Kleinrusse:

Auch auf unserer Straße wird Festtag sein. [2])

Der Pole und der Illyrier:

Auch vor unserer Thür wird die Sonne scheinen. [3])

Die Fähigkeit, zu vergessen, muß auch mitgezählt werden:

Man vergißt viel Leid in vierundzwanzig Stunden. (b.)

---

1) Auch mir wird einst die Sonne scheinen. (kro.)
2) Eines Tages wird das Fest von unserm Orte sein. (sp.)
3) Auch vor unsere Thür wird die Sonne scheinen, (s.) (r.: kommen).
  Auch über meiner Thür wird einst die Sonne scheinen. (klr.)

Eine Stunde guten Wetters trocknet die Straße. (v.) (In Venedig, wo das Pflaster aus Quadern besteht, sehr richtig.
Anderswo geht es etwas langsamer.) ¹)

Neue Freuden nehmen die Erinnerung alter Leiden weg. (frz.) ²)

Weniger allgemein tröstlich dürfte der Spruch sein:

Leid oder Freud', in funfzig Jahren ist's Alles Eins. (d.)

Es ist mehr die Indifferenz=Philosophie der Abenteurer
und Heimathlosen, welche sich in ihm ausdrückt, und noch
schärfer in den folgenden:

In hundert Jahren von jetzt ab sind wir Alle ohne Nasen.
(sic.)

In hundert Jahren und hundert Monden
Zieh'n die Wasser zurück dahin, wo sie wohnten. (v.) ³)

In hundert Jahren wird man für den Beutel so viel kaufen,
wie für's Geld. (h.) ⁴)

Tausend Pfund und ein Heugebund ist Alles gleich Nichts am
Tag des Gerichts. (engl.) ⁵)

Diese Welt wird nicht ewig dauern. (scho.)

Bin ich todt, so ist die Welt mit mir todt. (d.) ⁶)

---

1) Eine Stunde guter Sonne trocknet viele Löcher aus. (it.)
2) Oder verwandeln sie.
Ueberstandener Leiden denkt man gern. (d.)
Wenn's Unglück vorüber ist, denkt man mit Lust daran. (d.)
Man empfindet die Annehmlichkeit des Schattens, wenn man
aus der Sonne kommt. (ta.)
3) In hundert Jahren kommen die Heiden in's Land. (h.)
4) In hundert Jahren gilt der Flachs so viel wie das Werg. (v.)
5) Am Tage des Gerichts gilt der Marcheto so viel wie der Dukaten. (v.) (Münzen der venetianischen Republik.)
Am jüngsten Tage hilft kein Geld mehr. (d.)
Bist du arm oder bist du reich,
Am jüngsten Tag ist Alles gleich. (Hrz.)
6) Wenn ich todt bin, ist die Welt todt, wenn ich lebendig bin,
ist die Welt lebendig. (pers.)

Nach uns die Sündflut. (frz.)

Recht innig menschlich dagegen ist das Gefühl der Hoff=
nung. So ganz ist es mit unserer Natur verwandt,
daß es gleich dieser schlimm und gut ist. Das Sprich=
wort behandelt die Hoffnung sowohl in ihrer Trüglich=
keit, wie in ihrer Schönheit. Von ihr als Trugbild
heißt es:

Hoffen und Harren
Macht Manchen zum Narren. (b.) [1]

Auf der Wiese der Hoffnung weiden viel Narren. (r.)

Wer nach Hoffnung jagt, fängt Nebel. (it.)

Wer hofft, so lang' er lebt, stirbt arm. (wal.)

Wer von der Hoffnung lebt, der stirbt am Fasten, (b.) (it.
am Elend).

Wer aus dem Becher der Hoffnung trinkt, der wird verschmach=
ten. (lett.) [2]

Mit Hoffnung gelebt, mit Sehnsucht gestorben. (wal.)

Wer auf dem Wagen der Hoffnung fährt, der hat die Armuth
zur Gefährtin. (pers.) [3]

Wenn ich todt bin, gilt mir ein Rübenschnitz so viel als ein
Dukat. (b.)
Mann todt, Pferd todt, Alles todt. (h.)
1) Die Hoffnung ist wie die Milch: hebt man sie auf, wird sie
sauer. (v.)
Die Hoffnung ist ein Leckerbissen, an dem man sich zu Tode
würgt. (r.)
2) Goldne Träume lassen hungrig aufwachen. (engl.)
Hoffnung ist ein gutes Frühstück, aber ein schlechtes Abend=
brob. (cz.; a. engl.)
Wer von der Hoffnung lebt, der tanzt ohne Musik. (engl.)
3) Wer den Wagen der Hoffnung besteigt, hat die Armuth zum
Begleiter; wer von der Hoffnung lebt, läuft Gefahr, Hun=
gers zu sterben. (ar.)
Wer mit der Hoffnung fährt, der hat die Armuth zum Kut=
scher. (b.)

Hoffnung iſt das Seil, an welchem wir uns alle Tage zu Tode ziehen. (d.) [1])

Von ihr als ſchöner Tröſterin wird geſagt:

Hoffnung läßt nicht zu Schanden werden. (d.)

Wäre die Hoffnung nicht, bräche das Herz. (engl.)

Die Welt ruht auf der Hoffnung. (perſ.) [2])

Die Hoffnung hat einen tiefen Grund. (cz.)

Die Hoffnung iſt das Brod der Unglücklichen. (it.) [3])

Hoffnung iſt beſſer als Speiſe. (perſ.)

Hoffnung iſt mehr als alles Geld. (engl.)

So lange Athem iſt, iſt Hoffnung da. (it.) [4])

In einem Athem ſind tauſend Hoffnungen. (perſ.)

Die Hoffnung iſt das Letzte, was da ſtirbt. (v.) [5])

> Hoffnung läßt den Menſchen leben,
> Langes Warten läßt ihn ſterben. (Pic.)

Nur eine Ausnahme giebt es:
  Wenn die Reichen ſich in den Wagen der Hoffnung ſetzen,
  pflegt ſich das Glück demſelben vorzuſpannen. (r.)
1) Hoffnung iſt ein Seil, auf dem viele Narren tanzen. (r.)
2) Hoffnung iſt der Pfeiler der Welt. (afr.)
  Hoffnung iſt der Anker der Seele. (engl.)
  Im Reiche der Hoffnung giebt es keinen Winter. (r.)
  Die Hoffnung iſt immer grün. (v.)
3) Die Hoffnung iſt der Zehrpfennig der Unglücklichen. (ſp.)
  Hoffnung, Troſt bei der Arbeit. (cz.)
4) So lange Leben da iſt, iſt die Welt vor mir. (hb.)
  So lange Leben da iſt, iſt Hoffnung da. (engl.; a. dä.)
  So lange die Wurzel im Waſſer iſt, iſt Hoffnung auf Frucht
  da. (perſ.)
  So lange die Seele im Kranken, hoffen wir alles Gute. (ſ.)
  Der Kranke hofft auf Geneſung bis zum Tode. (r.)
  So lange der Menſch lebt, hofft er,
und:
  Hoffe muthig, ſo lange die Seele im Leibe. (p.)
5) Das Glück verläßt uns bald, die Hoffnung niemals. (r.)
  Das Letzte, was man verliert, iſt die Hoffnung. (v.)

Das ist eine andere der stillen, alltäglichen, aber darum nicht minder tröstlichen Erfahrungen:

Nach Regen kommt Sonnenschein. (d.) [1])

Nach dem Regen scheint die Sonne heller. (kro.)

Nach dem Winter Wärme, nach dem Regen Sonne. (f.)

Nach Wolken kommt helles Wetter. (engl.) [2])

Nach Sturm kommt Windstille. (engl.) [3])

Nach dem Garstigen kommt das Gute. (v.)

Der Fasttag ist der Vorabend des Festtags. (sp.)

Nach der Marterwoche kommt Ostertag. (d.) [4])

Den Thränen folgt die Freude. (frz.) [5])

Jede Nacht hat ihren Morgen. (perf.)

Und jeder Morgen seine Nacht:

Es ist kein Tag, er bringt seinen Abend mit. (d.) [6])

Sei der Tag auch noch so lang,
Endlich kommt der Abendsang. (engl.)

1) Nach dem Regen kommt die Sonne. (v.)
   Nach dem Regen das schöne Wetter. (frz.)
   Nach Regen kommt schönes Wetter, (engl.) (d.: scheint die
   Sonne).
2) Nach Wolken Phöbus. (lat.)
   Wolkige Morgen werden zu klaren Abenden. (engl.)
3) Nach dem schlechten kommt das gute Wetter. (it.)
4) Die Marterwoch' laß still vergeh'n,
   Der Heiland wird schon auferstehn. (d.)
   Nach Fasten kommt Ostern. (d.)
5) Auf Weh' und Ach
   Folgt Freude nach. (d.)
   Trauer und Freude folgen einander. (engl.)
6) Es ist kein Tag, der nicht seinen Abend brächte. (d.)
   Kein Tag kommt, ohne daß ein Abend käme. (it.)

Der Tag sei so lang, wie er ist, doch wird er endlich zum Abende. (esth.)

Es ist kein Tag so lang, daß nicht die Nacht ihm folgte. (it.; a. frz.) ¹)

Die lange Zeit (der letzte Abend) wird endlich kommen. (esth.)

Das klingt denn Alles recht verheißend, recht trostreich. Aber noch trostreicher lautet der schöne Spruch:

Kommt Zeit, kommt Rath.

(d.) ²)

Ja, wohl kommt sie, die alte, weise Zeit, die wir Deutsche so zutraulich Mutter nennen, und mit sich bringt sie, was wir brauchen, wir müssen's nur ab= warten:

Zeit bringt Alles, wer warten kann. (d.; g. ä. it.) ³)

Zeit bringt Bescheid. (d.) ⁴)

---

1) Ist der Tag auch noch so lang, es wird doch Abend. (dä.)
   Ist ein Tag auch noch so lang, dennoch kommt der Abend. (d.)
   Der längste Tag muß ein Ende haben. (engl.)
   Jedes Ding hat sein Ende. (tü.)
2) Nach (mit) der Zeit gehen die Sachen. (esth.)
   Die Zeit führt Alles herbei. (frz.)
   Aus Einem wird das Andere, und die Zeit beherrscht Alles. (it.)
   Der Zeit muß man viel befehlen. (d.)
3) Sie kommen, sie kommen, die bessern Zeiten, wer sie nur er= wartet. (cz.)
   Es wird sein, es wird sein, aber lange warten. (p.)
4) Die Zeit räth. (it.)
   Die Zeit giebt guten Rath. (esth.)

Zeit ist der beste Rathgeber. (agr.)

Wer keinen Lehrer hat, den belehrt die Zeit. (ar.) [1]

Zeit gebiert Wahrheit. (agr.) [2]

Zeit ist ein gnädiger Gott. (d.) (Erinnerung an Saturn.)

Die Zeit ist eine große Hexe. (lett.)

Die Zeit giebt's. (d.)

Zeit macht gesund. (d.) [3]

Zeit heilt jedes Ding. (it.)

Die Zeit lindert jede Wunde. (it.) [4]

Allmälig und unfühlbar wird der Schmerz alt. (lat.)

Zeit ist des Zornes Arznei. (d.) [5]

Die Zeit rückt Alles zurecht. (v.)

Noch beruhigender, weil sie poetischer ist, klingt die Ver=
heißung:

Mit der Zeit pflückt man Rosen. (d.) [6]

Der Italiäner sagt praktisch:

Mit Zeit und Stroh reifen die Mispeln. (g. ä. d. u. engl.) [7]

. . .

1) Die Zeit ist des Menschen Lehrmeisterin. (d.)
   Mit der Zeit wird man klug. (d.)
   Mit der Zeit wird man weise. (frz.)
2) Zeit verdeckt und entdeckt Alles. (d.)
   Zeit gedenkt und vergißt aller Ding. (d.)
3) Die Zeit (als Gott gedacht) ist der beste Arzt. (d.)
   Die Zeit ist der Arzt aller Schmerzen. (frz.)
4) Die Zeit heilt Vieles, was die Vernunft nicht heilt. (it.)
   Die Zeit heilt alle Wunden. (d.)
5) Zeit stillt den Zorn. (d.)
6) Zeit bringt Rosen und nicht der Stock. (d.)
   Zeit bringt Korn (das Jahr bringt Getreide) und nicht der
   Acker. (agr.)
   Zeit macht Heu. (d.)
7) Mit Zeit und Stroh reifen die Aprikosen. (tü.)

Der Türke hat einen Spruch, welcher nicht gerade nach dem Koran lautet:

> Mit Geduld wird die saure Traube Wein und das Maulbeer-
> blatt Atlas.

Der Deutsche nimmt auch ein Bild aus seiner Agrikultur und Industrie her:

> Mit Zeit und Geduld wird aus dem Hanfstengel ein Hals-
> kragen. [1]

Der Lette sagt:

> Zeit macht aus einem Gerstenkorn eine Kanne Bier,

aber freilich auch:

> Die Zeit verwandelt einen Kienapfel in einen Sarg. [2]

Beim Engländer hört man wieder den Seemann:

> Eine Maus kann mit der Zeit ein Tau entzweibeißen.

Der Holländer hat viele Sprüche. Zuerst den englischen, nur bestimmter:

> Mit der Zeit beißt die Maus das Tau in Stücken;

weiter:

> Mit der Zeit kommt die Henne auf die Eier.

---

[1] Er hat sich auch den Schluß des türkischen Spruches ange-
eignet:
>   Mit Geduld und Zeit
>   Wird's Maulbeerblatt ein Atlaskleid.
Der Russe sagt:
>   Die Zeit verwandelt die Früchte des Maulbeerbaumes in den
>   Sarafan der Kaiserin.
>   Dulden und Schweigen macht die Trauben süß. (wal.)
>   Wenn du Geduld hast, wirst du's morgen sehen, oder: den
>   Bauch der Ameise sehen. (neg. engl.)
>   Zeit und Eifer trocknen Sümpfe aus. (lett.)
[2] Die Zeit wandelt eine Eichel in einen Königssarg. (lett.)

Mit der Zeit kommt Harmen in's Wamms. [1)]

Mit der Zeit wird das Kind ein Mann.

Mit der Zeit wird der Bauer sein Geld los.

Noch hat der Deutsche:

Mit Zeit und Weile lernt ein wilder Ochse das Joch tragen.

Mit Zeit und Weile kommt man nach Rom.

> Mit der Zeit wird dir hold,
> Was dein nicht gewollt.

Endlich:

> Mit der Zeit
> Verschwindet alles Leid.

Aber freilich, Mutter Zeit ist bisweilen auch grämlich, wie alte Mütter, selbst die besten. Dann thut sie ihren Kindern nichts weniger als schön, dann giebt es statt Liebkosungen — das Entgegengesetzte von Liebkosungen, und der Deutsche sagt:

Zeit bringt Rosen, aber auch Dornen.

> Mit der Zeit
> Kommt Freud' und Leid.

Zeit giebt und nimmt Alles. [2)]

Zeit macht und töbtet die Leute. [3)]

Ja, sogar zum Nagethier macht er seine alte Mutter:

Zeit frißt Stahl und Eisen. [4)]

---

1) Deutsch ist's Jan. Plattdeutsch heißt es:
   All mit der Zeit kommt Jan in's Wamms und Gretchen in den Rock, (was denn sehr erfreulich ist, sowohl für Jan und Gretchen selbst, wie für Jan's und Gretchen's liebe Eltern).
2) Zeit bringt Rosen und nimmt sie wieder hin. (b.)
3) Die Zeit weiß uns schon aus der Wiege in den Sarg zu bringen. (r.)
4) Die Zeit frißt Berg und Thal,
   Eisen und Stahl. (b.)

und:

> Zeit frißt uns das Herz ab,

was nicht überraschen kann, wenn der Italiäner Recht hat, indem er bedenklich meint:

> Die Zeit hat einen bösen Zahn. [1]

Auch vom Hebräer hören wir Warnendes:

> Ist die Zeit als Schatten über deinem Haupte, fürchte, daß sie sich morgen vielleicht in Netze verwandelt für deine Füße. Als Flügel diente sie gestern dem Adler, und heute ist sie mit dem Sohn des Bogens. (Mit dem Pfeil, an welchem Federn befestigt waren.) [2]

Hindostanisch heißt es ähnlich:

> Der Frühling, dessen Blüten wir sahen, ist vergangen; jetzt, o Biene, sind am Rosenstrauche nur dornige Zweige ohne Blätter.

Ebenso denkt der Deutsche sich die ehrwürdige Zeit als ein Schwingenthier, in jedem Falle als ein etwas kolossales, ungefähr im Maßstabe des Condors:

> Die Zeit hat Flügel. [3]

> Die Zeit entwallt
> Ohn' Aufenthalt. (engl.) [4]

> Die Zeit geht vorüber und entführt Alles. (it.) [5]

---

1) Zeit führt eine scharfe Axt, und: legt ihr Beil auch an die stärksten Birken. (r.)
2) Die Zeit schenkt der Fliege die Freiheit und hält den Adler im Käfich gefangen. (hbr.)
3) Die Zeit ist unstät wie ein Rohr,
   Wer ihr vertraut, der ist ein Thor. (b.)
4) Zeit ist an keinen Pfahl gebunden. (b.)
   Die Augenblicke werden durch kein Seil am Pfahl zurückgehalten. (lat.)
5) Das Jahr verschwindet wie der Blitz. (tü.)
   Jeden Tag vergeht ein Tag. (fa.; a. v.)
   Jedes Jahr vergeht ein Jahr. (v.)

Die Zeit jagt mit schnellen Rossen und holt alle Leute ein. (r.)

Unwiderruflich flieht die Zeit. (lat.)

Mit der Unparteilichkeit, die zuletzt doch bei ihm über alle persönlichen Stimmungen und Neigungen siegt, sagt der Deutsche indessen auch:

Die Zeit vergeht nicht, sondern wir. ¹)

Der Venetianer fügt hinzu:

Wer Zeit hat, hat Leben,

und der Deutsche fängt an, über das Leben nachzuden=
ken, und kommt zu dem Schlusse:

Leben ist eine Kunst.

Und zwar eine schwere. Der Engländer spricht sehr
wahr:

Das Leben ist halb vorbei, bevor wir wissen, was es ist. ²)

Dabei haben wir selbst nicht die Aussicht, es das zweite
Mal besser zu machen, wenn wir es das erste Mal ver=
sehen haben, denn:

Man lebt nur ein Mal. (frz.) ³)

Wie soll man also leben, um den Zweck des Lebens zu

Wir werden jedes Jahr um zwölf Monate älter. (r.)

Der Tag geht vorüber, das Leben fließt dahin, und doch freut
   der Narr sich auf den Feiertag. (tü.)

Zeit auf Zeit, aber näher dem Tode. (r.)

Tag auf Tag, bis der Tod auf dem Halse. (j.)

1) Wasser wälzt fort Dinge, wälzt nicht Steine. (E.)

  Die Termite (große Ameise) zernagt Alles, zernagt nicht
   Stein. (E.)

Feuer versengt Gras, versengt nicht Graswurzel. (E.)

2) Der Vorrath ist gering, und die Reise ist weit. (hbr.) (Das
   Leben erfordert viel, und wir besitzen und vermögen wenig.)

3) Niemand lebt zwei Mal. (pers.)

erfüllen? Der Vorschläge sind verschiedene. Die, welche Alles leicht nehmen, sagen:

> Leben und leben lassen. (d.) [1]

> In dieser Welt soll man genießen und genießen lassen. (m.; a. v.)

> Leben liegt nicht im Leben, aber im Gernhaben. (engl.)

> Um gut zu leben, braucht es dreier Dinge: Gesundheit, Frieden und Geld. (v.)

Der Venetianer sagt auch noch:

> Genießen wir, denn die Güter werden da sein und wir nicht mehr;

weiter:

> Die Welt ist rund,
> Wer nicht schiffen kann, der geht bald zu Grund; [2]

und endlich:

> Wer leben und sich behaglich fühlen will, der muß die Welt nehmen, wie sie kommt. [3]

---

1) Man muß leben und leben lassen. (v.)
    Lebt und laßt leben. (engl.)
    Leben lassen und mitleben. (d.)
Denn, sagen die Bergamasker:
    Das Weinen ist den Todten zuwider und schadet den Lebenden,
und:
    Dem fröhlichen Menschen hilft der Himmel.
Die Toskaner versichern:
    Fröhlichkeit macht schön Gesicht,
und ebenfalls:
    Fröhlichen Leuten steht Gott bei,
weshalb die Bergamasker sich völlig berechtigt zu den Ausrufungen glauben:
    Lustig! der Teufel ist todt!
    Lustig! zum Weinen ist's immer Zeit!
und:
    Verdruß, scher' dich fort!
2) Die Welt ist rund und will sich dreh'n. (d.)
    Die Welt ist unsers Herrgotts Spielkarte. (d.)
3) Nimm die Welt wie sie ist, nicht wie sie sein sollte. (d.)

Aber es fehlt auch nicht an der gerade entgegengesetzten Auffassung des Lebens:

> Es kommt nicht darauf an, wie lange, sondern wie wir leben. (engl.)

> Wer fromm gelebt, hat lange gelebt,

und:

> Wer für Andere lebt, hat am besten für sich gelebt. (d.) [1]

> Das Leben des Menschen ist ein Tagebuch, in welches er nur gute Thaten eintragen sollte. (ar.) [2]

> Dem Hunde Hundetod. (flr.) [3]

In dem gleichen moralischen Sinne sagt der Araber:

> Das Leben ist eine Quarantaine für's Paradies, [4]

was wenig für das Leben spricht, wenn die Erzählungen

---

[1] Der lebt lange, der wohl lebt. (engl.)
Nüchtern Leben, gutes Leben. (d.)
Wohl gelebt, wohl gestorben. (d.)
Wer wohl lebt, stirbt wohl. (it.)
Lebe wie vor Zeiten, rede wie jetzt, (d.) (d. h. verbinde die alte Sitteneinfachheit mit der jetzigen Ausbildung aller Fähigkeiten).
Wer das Leben verachtet, fürchtet den Tod nicht. (d.)

[2] Jeder Tag deines Lebens ist ein Blatt deiner Geschichte. (ar.)

[3] Wie das Leben, so der Tod. (sl.; a. lat.)
Der Tod bekundet das Leben. (r.)
Das Testament des Verstorbenen ist der Spiegel des Lebenden. (p.)
Wir werden sterben, wie wir gelebt haben. (tü.)
Wie die Seele, so sind die Engel, (hb.) (welche kommen, um sie beim Tode in Empfang zu nehmen).

[4] Die Güter dieser Welt gehören uns nur zum Nießbrauch, der Körper ist nur ein gemiethetes Kleid, das Leben nur ein Gasthaus. (ar.)
Der Deutsche spricht herber:
Die Welt ist des Teufels Braut.
Die Welt giebt bösen Lohn.
O du dulle Welt, was krabbelst du im Düstern!

der Quarantainegeplagten nicht übertrieben sind. Nicht schmeichelhafter für das Leben ist folgender Vergleich des Arabers:

> Das Leben gleicht dem Feuer: es beginnt mit Rauch und endigt mit Asche.

Der Engländer weiß ebenfalls nicht viel Gutes davon zu sagen:

> Des Menschen Leben ist ein Wintertag und eine Winterwanderung.

> Wir dürfen in einem ehernen Alter kein goldnes Leben erwarten.

> Ich weinte, als ich geboren wurde, und jeder Tag zeigt mir: warum;

denn:

> Kein Tag vergeht ohne irgend ein Leid.

Sogar der Venetianer wird grämlich, und meint:

> Jeder plagt sich: der Arme mit Suchen, der Reiche mit Erhalten, und der Tugendhafte mit Lernen,

aber er ist auch gerecht:

> Diese Welt muß für Alle die Kosten bestreiten,

woraus von selbst folgt, daß sie nicht immer ganz gut bei Kasse sein kann. Der Engländer weiß auch noch etwas Schlimmeres, als das Leben:

> Besser aus der Welt, als aus der Mode sein.

und so wird der Baier wohl Recht haben, und:

> Die Welt wär' schon gut genug, wenn nur die Leut' was nütze wären.

Am besten wissen es wieder die sinnigen Italiäner:

> Wenn man nicht mehr kann, schickt Gott den Tod, (v.)

und:

> Wenn man nicht mehr kann, ruft der Herr einen zu sich. (m.)

Es stehet geschrieben:

Inmitten des Lebens sind wir im Tode,

und wie Refrains alter, unheimlicher Lieder klingt es:

Heute roth,
Morgen todt.
(d.: a. dä.)

Heute König, morgen Nichts. (frz.) [1])

Heute Gold, morgen Erde. (esth.)

Heute Mensch, morgen schwarze Erde. (f.)

Heute stark,
Morgen im Sarg. (d.) [2])

Heute in Gestalt, morgen im Grab. (it.) [3])

Heute ist's Blüte, morgen stirbt's. (it.) [4])

In diesen Sprüchen finden wir schlagend kurz die un=
abläsfige unmittelbare Möglichkeit des Todes ausgespro=
chen; seine Unvermeidlichkeit schildern uns folgende an=
dere:

Für den Tod kein Kraut gewachsen ist. (d.) [5])

---

1) Heute König, morgen todt. (d.)
   Heute ein Mann, morgen eine Maus. (engl.)
   Heute sind wir, und morgen sind wir nicht. (f.)
2) Heute reich,
   Morgen eine Leich'. (d.)
   Heute beim Mahl, morgen auf der Bahre. (frz.)
3) Heute Trab,
   Morgen im Grab. (d.)
4) Heute Blume, morgen Heu. (d.)
5) Gegen die Kraft des Todes ist kein Heilkraut im Garten. (lat.)

Für Alles giebt's Hülfe, außer für den Tod. (it.) [1]

Wider den Tod ist Nichts stark. (sp.)

Kein Harnisch schützt wider den Tod. (b.)

Den Tod segnest du weder weg, noch betest du ihn weg. (p.)

Ein Mann stirbt vom Schlag einer Erbse. (hb.)

<blockquote>
Der Tod
Ist unvermeidliche Noth. (b.)
</blockquote>

Das Blut, das fließen soll, kann nicht in der Ader zurück-
bleiben. (ngr.)

Der Tod ist ein schwarzes Kameel, das vor jeder Thür nieder-
knie't. (tü.)

Zu Jedem wird ein schwarzer Vogel kommen. (f.)

Der Tod kommt ungeladen. (b.) [2]

<blockquote>
Wider des Todes Kraft
Hilft kein Kräutersaft. (b.)
</blockquote>
Wider den Tod giebt es kein Kraut im Garten. (fa.)
1) Gegen den Tod giebt's keine Arznei. (il.)
Wider das Uebel des Todes hilft weder arzneien, noch Arz-
nei. (it.)
Habe den Doktor zum Freund und den Apotheker zum Vetter:
du mußt doch sterben. (b.)
Der Arzt kann den Kranken heilen, aber vom Tode kann er
nicht heilen. (chin.)
Sind die Tage alle, hilft keine Arznei. (afr.)
Wider den Tod ist weder Arznei noch Hülfe. (esth.)
Es giebt kein Mittel wider den Tod. (frz.)
Für Alles giebt's ein Mittel, außer für den Halsknochen. (r.)
Alles richtet sich ein, außer der Halsknochen. (b.; a. t.)
Kopfab ist eine tödtliche Wunde. (b.)
2) Niemand kann dem Tod entlaufen. (b.)
Der Tod findet den Weg. (r.)
Wenn der Tod kommt, kann man sich vor ihm nicht ver-
läugnen. (engl.)
<blockquote>
Wohin du wollest, magst du zieh'n,
Dem Tode kannst du nicht entflieh'n. (v.)
</blockquote>
Der Todesweg ist nicht weit. (neg. engl.)
Des Todes Pfad ist stets geebnet. (b.)

Wie er kommt, geht er. (v.)

> Der Tod kommt als ein Dieb
> Und scheidet Leib und Lieb'. (v.)

Des Todes Hippe mäht nicht blos an einer Seite. (afr.)

Werden und sterben ist allen Menschen gemein. (v.)

Wer geboren wird, muß sterben. (it.) [1]

Bei jeder Geburt wird eine Leiche angesagt. (b.) [2]

Wo sie heirathen, da begraben sie auch. (r.)

Alle gehen mit ihrem Sacke zur Mühle. (v.) [3]

Alle Wasser gehen in das Meer. (hbr.)

Der Eine geht, der Andere kommt. (E.)

Ein Mal kommt's an jeden Menschen. (v.)

Je eine Fächerpalme fällt. (E.)

Einen nach dem Andern lehrt der Tod weg. (v.)

Die Glocke ruft, wie für den, so für den. (ill.)

Für Alle kommt ihre Stunde. (v.) [4]

---

1) Wer geboren wird, ist vom Tode geworben. (b.)
   Alles, was geboren wird, muß sterben. (it.; g. ä. p.)
   Ein Mal hat die Mutter geboren, ein Mal muß man ster-
   ben. (g.)
   Ist der Mensch geboren, so fängt er an zu sterben. (b.)
   Der Mensch ist eine lebende Leiche. (r.)
   Auf eine Weise werden wir geboren, auf tausendfache sterben
   wir. (s.)
   Eine ist die Weise des Geborenwerdens, tausendfach die des
   Sterbens. (p.)
2) Den Tod frißt ein Jeder am ersten Brei. (b.)
3) Alle Knochen kehren an ihren Ort zurück. (v.)
   Alles kommt nach Haus zurück. (s.)
   Was die Erde giebt, das nimmt sie wieder. (b.)
   Das Wasser geht in den Kessel zurück. (hbr.)
   Die Wasser kehren in's Meer, und alle Dinge zu ihrem Ur-
   sprung zurück. (port.)
   Eine Haut kommt früher oder später zu Markt. (pers.)
4) Ist's Eines Stunde, heißt's fort. (v.)

Darum frägt der Esthe:

Gott wird mich doch nicht zum Weltpfeiler machen?

Gewiß nicht; Keiner wird es, ob jung, ob alt:

Der Tod hat keinen Kalender. (d.; a. v. u. engl.)[1]

Es giebt der alten Kameele gar viele, welche mit der Haut der jungen beladen sind. (hbr.)[2]

Wenn die Stunde des Wildprets gekommen ist, so läuft es dem Jäger in den Weg. (pers.)

Wenn der Fisch sterben soll, so fängt er sich auch in einem zerrissenen Netze. (r.)

Die Schlange wird den beißen, dem das Schicksal die letzte Stunde bezeichnet hat. (ta.)

Jeder trägt die Stunde seines Todes auf der Stirn in Zeichen, die der Mensch nicht enträthselt, aber die Gottes Finger geschrieben hat. (ngr.)

Für jedes Schwein kommt sein Martinstag,

an dem es heißt:

Es muß gestorben sein, Ferkelchen, 's giebt keine Gerste mehr. (frz.)

1) Junge können sterben, Alte müssen sterben. (dä.; a. si.)

Von jungen Männern sterben viele, von alten entkommt nicht Einer. (engl.)

Wenn der Junge sterben kann, kann der Alte nicht leben bleiben. (sic.)

Der Alte hat den Tod vor dem Angesicht, der Junge hinter dem Rücken. (olf.)

Auch der muntre Bursch kann sterben,
Sterben muß der schwache Greis. (fin.)

Der Tod sieht weder auf den Alten, noch auf den Jungen. (f.)

Der Tod sieht nicht auf die Zähne. (p.)

Das junge (Mädchen) geht zu Grabe, und das alte sieht nach einem Manne aus. (hd.)

Ein dürrer Baum kracht, ein grüner bricht. (lit.)

2) Viele Füllen sind gestorben, und ihre Haut hat ihren Müttern als Decke gedient. (hbr.)

Es kommen gerade so viele Kälber auf den Markt, wie alte Kühe. (plattd.)

Es sind ebenso viele Kalbs- als Kuhfelle feil. (d.)

Ebenso gut kommt das Lammsfell auf den Markt, wie das des alten Schafes, (scho.) (engl.: des Mutterschafes).

Ebenso schnell stirbt Kalb wie Kuh. (frz.) [1]

Der große Wagen und der kleine Wagen fahren hinab zum Grabe. (hbr.)

Noth und Tod kommt zu Jungen und Alten. (b.)

ja, der Russe sagt sogar von dem letzteren:

Der Tod trinkt lieber frischen Meth, als alten Wein. [2]

Menschenkind weiß nicht Todestag. (E.) [3]

Der Tod macht mit Allem Feierabend. (b.) [4]

Die Liebe vermag Alles, das Geld besiegt Alles, die Zeit verzehrt Alles, und der Tod beschließt Alles. (it.)

Der Tod ist das Ende für Alles. (p.)

Der Tod hat einen immer vollen Köcher. (r.)

Mit Jedem wird der Tod tanzen. (cz.)

Der Tod schont weder der Großen, noch der Geringen. (engl.) [5]

---

1) Ebenso schnell stirbt das Zicklein, wie die Ziege. (it.)
   Das Lamm hat nicht mehr Gewißheit, als das Schaf. (it.)
2) Der Hagel schlägt mehr frische Rosen ab, als welke. (r.)
   Es sind mehr Lammsfelle auf dem Markte, als Schafsfelle. (f.)
   Es kommen mehr Kalbsfelle als Ochsenhäute auf den Markt. (h.)
   Es giebt mehr Kälber in den Fleischbänken, als alte Ochsen. (cz.)
3) Huhn im Stall weiß nicht Todestag. (E.)
   Wir loben den Rasen und wissen nicht, wie bald er uns bedecken wird. (tat.)
   Der die Glocke goß, dachte nicht, daß sie ihn zu Grabe läuten würde. (r.)
   In Kasan, wo viele Seifensiedereien sind, sagt der Tatare:
   Mit der letzten Seife, die wir gekocht haben, wäscht man unsern Leichnam.
4) Der Tod hebt Alles auf. (b.)
5) Der Tod frißt all' Menschenkind,
   Wie er sie find't,
   Fragt nicht, weß Stands und Ehren sie find. (b.)
   Der Tod schont weder den König von Frankreich, noch den von Spanien. (it.) (Die Könige beider Länder haben dem armen Italien immer viel zu thun gegeben, daher wohl dieses Ehrengedächtniß.)

Dem Tod ift Niemand zu ftark. (d.)

Der Tod ift ein Riefe, vor dem auch der Czar die Waffen ftrecken muß;

unb:

Gegen ben Tod ift auch der Gröbfte kleinlaut. (r.)

> Der Tod würgt Alle gleich,
> Wie er fie findet, Arm und Reich. (d.) [1]

Mit dem Tod trank Niemand Brüderfchaft. (cz.)

Denk' an ben Tod: das Grab ift Jebem bereit. (r.)

Die Reichften nehmen beim Sterben Nichts als ein Leichentuch mit fich. (frz.) [2]

Nackt find wir auf diefe Welt gekommen, nackt werden wir aus ihr herausgehen. (f.; a. cz.)

Das letzte Kleid machen fie uns ohne Tafchen. (t.)

Ein Mann über Bord, ein Effer weniger. (h.) (Ein fchauer-liches Bild, entnommen von einer langen, unglücklichen See-fahrt, auf welcher die Zwieback= und Wafferrationen immer kleiner und kleiner werden. Aber auch im Familienelenb der Bedürftigen ift ein Tod oft mehr Brob für die Ueber-lebenden.) [3]

Der Tod ift ein gleicher Richter. (d.)

Der Tod macht Alles gleich. (p.)

Die Schaufel, die dem Pferde fein Grab gräbt, wird auch dem Gouverneur fein Grab graben. (neg. engl.)
Auch der Tobtengräber muß in's Grab. (cz.)
Vom Tobe kaufft du bich nicht los. (f.)
Jeder zahlt dem Tobe Steuer. (cz.)
1) Da bleibt der Golbberg, ba bleibt des Armen Tornifter. (lett.)
Dem Leinfaamen und dem Unkraut gefchieht Gleiches in der Oelmühle. (olf.)
2) Ein Leichentuch,
Und bamit genug. (engl.)
Vier Breter bedecken Alle. (v.)
3) Ift Jemand tobt,
Gebacken ift fein Brob. (h.)

Wir werden Alle gleich in unſern Gräbern liegen. (engl.) [1])

Der Tod ſcheidet allen Krieg. (b.) [2])

Der Tod zahlt alle Schulden. (b.) [3])

Die Todten ſind verſchwiegen. (b.)

Wer todt iſt, kommt nicht wieder. (b.)

Wir haben nun genugſam gehört, wie der Tod mit ſei=
nen Hörigen und Eigenen, den Menſchen, verfährt, —
wie verhält nun der Menſch ſich gegenüber der unent=
räthſelten und unwiderſtehlichen Macht des Todes? Das
Sprichwort ſagt uns auch das:

Zum Todesſchlaf iſt Keiner milde. (b.)

Die Menſchen fürchten den Tod, wie Kinder ſich fürchten, in's
Finſt're zu gehen. (engl.)

Den Tod hat ſelbſt Gott gefürchtet, als er Menſch war. (ſa.)

Wenn es an den Tod geht, lernt ſelbſt der Teufel beten. (r.)

Wehe uns, daß wir ſterben! (hbr.)

Umſonſt ſucht der Menſch, ſich Muth zu machen:

Es muß ein Mal geſtorben ſein. (b.)

Wer ſtirbt, der läßt die Welt,
Wer lebt, macht, was ihm gefällt. (v.) [4])

1) Tod macht uns im Grabe gleich, in der Ewigkeit ungleich. (b.)
Sechs Fuß Erde machen Alle gleich. (v.)
2) Todter Mann führt keinen Krieg mehr. (it.)
Was todt iſt, beißt nicht mehr. (b.)
Eine todte Schlange beißt nicht mehr. (perſ.)
Todte Menſchen beißen nicht mehr. (engl.)
Der todte Bär beißt nicht. (r.)
3) Nach dem Tode gilt das Geld nicht mehr. (b.)
4) Wer lebt, ißt Brod, wer ſtirbt, ſein Schaden. (v.)
Wer todt iſt, der iſt todt,
Wer lebt, hat keine Noth. (l.)
Das Schlimme iſt für den, der geht; wer bleibt, der macht's
wieder. (corſ.)

Niemand stirbt vor seiner Stunde. (b.)

Man kann nicht zweifachen Todes sterben. (esth.)

Arm ist, wer den Tod wünscht, aber ärmer, der ihn fürchtet. (t.

Es muß eingestanden werden:

Sterben ist kein Kinderspiel; [1]

und:

Im Sterben sind wir Alle Meister und Lehrjungen. (b.) [2]

Aber wo der Heldenmuth des Christen und des Denkers die letzte Stunde verklärt, wo „der Tod kein Uebel ist,“ wo der brechende Blick über das Grab hinaus reicht, welch ein Sieg im Sterben!

Die Sterben für Gewinn achten, sind schwer zu besiegen, [3]

sagt das Sprichwort auf deutsch, und fügt ebenfalls auf deutsch hinzu:

Der Tod
Ist das Ende aller Noth; [4]

———

Das Schlimmste ist für den, der stirbt. (b.)
Was fürchtest du den Tod, Väterchen? Es hat ja noch Keiner erlebt, daß er gestorben ist. (r.)
1) Besser leben, als sterben. (b.)
Lieber sieben Mal verdorben,
Als ein Mal gestorben. (b.)
Zum Sterben ist immer Zeit. (b.)
Lieber ein hölzernes Bett, als ein goldner Sarg. (r.)
2) Sterben ist auch eine Kunst. (b.)
Der Russe dagegen sagt:
Um sterben zu können, bedarf es keiner Vorübung.
3) Wer stirbt, eh' er stirbt, der stirbt nicht, wenn er stirbt,
und:
Wohl sterben,
Ist nicht verderben,
Sondern das ewige Leben erwerben. (b.)
4) Jede Erde ist dem Todten ein Grab. (r.)
Wer im Grabe liegt, der ist wohl gebettet. (b.)

auf lettisch:

Die Ruhenden sind die Todten;

auf englisch:

Eine todte Maus fühlt keine Kälte;

auf polnisch:

Der Todte fühlt nicht, wie und wo er liegt;

auf venetianisch:

Der Tod heilt von jedem Weh',

und:

In dieser Welt giebt's nur im Tode Gerechtigkeit,

weshalb es im Russischen heißt:

Wir haben erst Ruhe, wenn die Birke über uns wächst,

indem die Russen gern Trauerbirken auf die Gräber
pflanzen.

Dann lehrt das Sprichwort noch:

Die Lebenden thun Böses, nicht die Todten; (v.)

Mit den Todten kann man nicht zürnen; (b.)

Sprich gut von den Todten; (engl.)

Von den Todten Nichts als Gutes; (lat.) [1]

Im Schooße der Erde ist keine Mühe (mehr). (esth.)
Der Tod ist das Mittel gegen alle Leiden. (r.)
Der Tod ist der Trost des Armen. (til.)
O Tod, erwünscht ist dein Geschick dem Dürftigen! (hbr.)
Den Todten thun die Zähne nicht mehr weh. (f.)
[1] Allerdings hat der Deutsche den sehr richtigen Grundsatz:
    Du kannst nach dem Tode nicht besser sein, als du im Leben
      geworden bist,
aber doch räth auch er:
    Laß die Todten unbestichelt,
und:

und schließt mit der schönen, versöhnenden Ermah=
nung:

Laß die Todten ruhen. (d.) [1])

Von Todten soll man nichts Uebles reden.
Im Negerenglischen heißt es sehr schön:
Die Todten (haben) weiße Kleider;
englisch sagt man:
Schütte kein Wasser auf eine ertrunkene Maus.
1) Von den Todten sprich gut, oder schweige. (it.)
Man soll die Asche eines Todten nicht aufrühren. (frz.)